◇ 博物馆管理学丛书

[英]让-保罗·马丁 / 编著
王乃一 等 / 译

策展哲学

中国画报出版社·北京

图书在版编目（CIP）数据

策展哲学 / (英) 让-保罗·马丁编著；王乃一等译
. -- 北京：中国画报出版社，2021.11（2022.5重印）
（博物馆管理学丛书）
书名原文: The Curatorial: A Philosophy of Curating
ISBN 978-7-5146-2012-2

Ⅰ.①策… Ⅱ.①让… ②王… Ⅲ.①展览会－策划
Ⅳ.①G245

中国版本图书馆CIP数据核字(2021)第105917号

© Jean-Paul Martinon and Contributors, 2013 together with the following acknowledgment: 'This translation of The Curatorial is published by arrangement with Bloomsbury Publishing Plc.'

北京市版权登记局著作权合同登记号：01-2021-5143

策展哲学

[英] 让-保罗·马丁 / 编著　王乃一 等 / 译

出 版 人：方允仲
责任编辑：石曼琳
责任印制：焦　洋
营销编辑：孙小雨

出版发行：中国画报出版社
地　　址：中国北京市海淀区车公庄西路33号　邮编：100048
发 行 部：010-88417438　010-68414683（传真）
总编室兼传真：010-88417359　版权部：010-88417359

开　　本：16开（710mm×1000mm）
印　　张：14.25
字　　数：253千字
版　　次：2021年11月第1版　2022年5月第2次印刷
印　　刷：万卷书坊印刷（天津）有限公司
书　　号：ISBN 978-7-5146-2012-2
定　　价：98.00元

推荐序

策展，于我而言，是一种探索的方法，持续探索未知领域。策展已经不同于以往传统博物馆中策展人所做之事，策展指涉一个更大范畴的实践，跨越更多层面的实践，同时也引起了人们对策展人角色的不断思辨。在过去二十年中，人们对策展人工作的认识发生了彻底的转变。人们不再将策展人看成是作品的照管者或幕后的审美仲裁者，而是作为在更广阔舞台上发挥能量的一群人。他们将策展置于一个更广阔的政治、经济及文化语境之内去审视，并以不同的策展行为回应当下面临的迫切议题。

20 世纪 60 年代以来，我们见证了策展实践中的话语转向，及其理论系统的日渐成形。尽管策展的历史极为短暂，但近年来策展研究方向与相关出版物的增加，为其理论化的发展路径奠定了基础。2017 年，中央美术学院设计学院先后开设了"设计批评与策展研究""当代设计策展"等研究方向，作为学术召集人，增设策展方向的初衷，一方面旨在重新思考策展实践在中国文化语境中的现状，另一方面则是致力于策展教育的深化，推动策展理论话语体系的持续构建。作为中央美术学院设计学院"策展理论研究系列丛书"之一，《策展哲学》正是在此基础上得以引进出版。本书借"设计批评与策展研究"方向师生（王乃一、赵卓夫、马奕奕、王梦涵、秦瑷璟、崔潇）译介之功，借中国画报出版社导向之力，不仅为国内学者思考策展及其意义搭建了理论框架，也是对策展研究方向教学的有益补充。

作为第一本探讨"策展性"概念的著作，引入"哲学性"（the Philosophical）

为理解策展实践提供了丰富的概念和方法。本书作者通过与思想史的不断对话来呈现、反思并推进对策展观念的思辨与探索，为策展人以及不同语境内工作的文化生产者提供了关于如何从事策展研究，如何从哲学借智的范本。本书作者对诸多西方哲学的深邃解读，及其富有哲思与隐喻色彩的语言风格，给翻译工作带来了诸多挑战，幸得清华大学哲学系张嘉荣博士的严谨校对与审核，本书才得以顺利出版。

《策展哲学》一书共收录学术文论25篇，从不同视角探讨了在当代文化实践和话语中呈现出的"策展性转向"（a curatorial turn）。本书在区分"策展"（Curating）与"策展性"（the Curatorial）概念的同时，强调以"策展性"来代替"策展"，作为对于"策展"的反思与批判，并将之视为知识生产的方式。"策展性"概念的提出并非只是为了突破策展现存的系统和权力结构，也不是仅仅为了提出可能性而存在，它旨在激发想象力与能动性，述行或猜想不可见的、未被看见的和未被想象的可能。"策展性"排斥一切引导性的预设，它要求对策展的过程和范式进行重新评估，从而试图探寻新的替代性和可能性。在此引用本书另一位作者伊尔·罗格夫（Irit Rogoff）的观点，"'策展性'作为一个策展策略（curatorial strategy），是将策展从所有既有的实践和框架中'解放'出来，这些既有的因素限制了策展自身在探索我们尚不知道或者还未成为命题的事物的能力"。在此谨希望《策展哲学》中文版的出版，能够为读者提供一个重新审视策展现状，寻求突破的契机，这为探寻关于策展潜在或可预的未来提供了可能性。

是为序。

宋协伟
中央美术学院设计学院院长
2021年9月

目录

001　序
005　前言

第一章　送别（Send-Offs）

021　策展性，来自空中飞人
　　　瑞克斯媒体小组（Raqs Media Collective）

029　策展哲学论纲
　　　让-保罗·马丁（Jean-Paul Martinon）

037　未来从何而来？
　　　阿尔弗雷多·克莱门特蒂（Alfredo Cramerotti）
　　　让-保罗·马丁（Jean-Paul Martinon）

041　扩展域
　　　伊尔·罗格夫（Irit Rogoff）

049　亲爱的艺术，谨启
　　　纳塔莎·伊里奇（Natasa Ilić）

第二章　人类行为学（Praxeologies）

057　策展人渡河：有生于无
　　　　斯特凡·诺沃特尼（Stefan Nowotny）

063　生成策展人
　　　　苏珊娜·米列夫斯卡（Suzana Milevska）

071　精疲力竭的策展
　　　　莱尔·维加拉（Leire Vergara）

077　厄洛斯、瘟疫、嗅觉：策展性的三个寓言
　　　　珍妮·道桑（Jenny Doussan）

第三章　运动（Moves）

091　当前任务：超越主权的桎梏
　　　　阿里拉·阿祖莱（Ariella Azoulay）

095　简单的操作者
　　　　莎拉·皮尔斯（Sarah Pierce）

103　策展性的三个短镜头
　　　　多琳·门德（Doreen Mende）

107　我想成为我思想的见证
　　　　鲁佩什·西塔兰（Roopesh Sitharan）

111　背叛与策展性：为策展委员会提供的证词
　　　　约书亚·西蒙（Joshua Simon）

第四章　异端（Heresies）

119　问题作用何在？微观政治与艺术教育
　　　苏珊·凯利（Susan Kelly）

125　力所能及
　　　诺拉·斯特恩菲尔德（Nora Sternfeld）

131　剩余乐趣的政治
　　　瓦莱里亚·格拉齐亚诺（Valeria Graziano）

第五章　重塑（Refigurations）

143　现代艺术：理念与收藏的时空
　　　赫尔穆特·德拉克斯勒（Helmut Draxler）

149　两种激发媒介：广播和展览
　　　让－路易·德奥特（Jean-Louis Déotte）

153　陌生地域内：对地点关联性和策展性的引论
　　　安斯曼·达斯古普塔（Anshuman Dasgupta）

161　非博物馆
　　　阿德南·马达尼（Adnan Madani）

第六章　舞台（Stages）

169　策展、戏剧和图式：走向感性舞台
布里奇特·克朗（Bridget Crone）

175　策展语境
安妮塔·希拉克（Aneta Szyłak）

183　幕后与过程：揭示策展项目的安装现场
伊内斯·莫雷拉（Ines Moreira）

191　这与我们无关
文载允（Je Yun Moon）

195　撰稿人

203　参考文献

215　后记　策展性

序

我们希望谈论策展：关于它的潜力和视野。

我们希望谈论策展：关于它所基于的知识和它所生产的知识。

我们希望谈论策展：关于它的社交性、集体性和乐趣性。

我们希望谈论策展：关于其致力作为一种公共活动的形式，保证看、读、说、信息交换的进行。

我们希望谈论策展：因为它一直在寻找新颖的方法来以其他方式实例化我们的世界危机，寻找其他方法来应对当前的困境。

我们希望谈论策展：因为我们认为，我们在其协议中看到了一种可能，其他工作方式的可能性、关联和认知的可能性。

我们希望谈论策展的愿望使我们建立了一个聚合空间，一个由实践导向的博士生课程，名为"策展/知识"（Curatorial/Knowledge）。许多年轻的策展人和艺术家都来参加讨论，并着手进行自己的研究。来自不同领域的朋友和同事也参加了研讨会，讨论了他们的复杂性实践和思维过程。

从"策展/知识"项目伊始，就有人开玩笑地说："我们的计划是停止人们的策展！"几周后，有人更加激烈地说："所以我们同意这个项目不是关于成为更好的策展人吗？"事后看来，这些实际上是相当实质性的陈述。意识到策展行为、课程、驻留计划和奖项的激增，导致了大量展示行为，其中许多并未得到充分考虑。它们还认识到，所有这些策展行为并不是建立在扎实的知识基础上的，这可能使其从业者有勇气去抵抗需求，简单地为日益繁荣的景观和娱乐市场提供越来越多的刺激。

一直以来，我们希望以"挑衅者"（provocateurs）而不是"学者"的身份参与讨论——我们了解，历史和其他专业知识很容易转化为市场驱动景观的合法性，因此无法提供我们继续进行自我反思的思辨，认为该领域是否需要变得不仅仅是一系列专业协议。

除了这些以市场为导向的景观之外，还进行了各种各样的策展行为，这使人们怀疑在所有这些闪光之下真正发生了什么。这些活动具有多种形式：例如，我们已经经历了在该领域兴起的"教育转向"（educational turn），弃置场所的（重新）复活（［re］animation）以及现有机构的（重新）介入（［re-］infiltration）。我们还目睹了对谈话、交流、讨论和阅读的坚持，人们通常将活动本身理解为使事物可见、可知和相关的实质。

因此，我们讨论的关于"在这个领域工作意味着什么"是基于这相对的两极之间进行的——差异日益突出的两极：一方面，迎合不断扩大的市场；另一方面，在艺术和艺术教育领域内不断发展的激进主义精神。

最初，我们认识到区分"策展"（curating）和"策展性"（the curatorial）的必要性。如果"策展"是与组织展览和其他展示方式有关的一系列专业实践，那么"策展性"的运作方式截然不同：它探索了整个策展过程之中所涉及的有意或无意之举，并将其视为知识的事件（an event of knowledge）。因此，要想将"策展"与"策展性"区分开来，就意味着要强调从事件的策划到实际事件本身的转变：其创建、叙事和呈现。"策展"发生在一个应许（promise）之中；它制造了一个应许的时刻，即将来临的救赎。相比之下，"策展性"的存在是为了扰乱这一过程；它打破了这个阶段，却产生了叙事；这种叙事发生在话语发生的那一刻，在事件交流的那一刻，正如米克·巴尔（Mieke Bal）曾经观察到的那样，"看，就是这样"（look, that is how this is）。

因此，"策展性"是一种干扰、一种话语、一种叙事。在这种干扰下，作品不再是某种互斥的过程，不再是由某种内在的知识模式引起的有意识或无意识的欢呼，相反，它们参与了另一个过程——促使我们反思，鼓励以另一种方式思考或感知世界的过程。从对世界的反映到促使人们对世界进行另一种反思（不可避免地引发改变世界的方式），艺术作品反映了无数种牵涉世界的方式，不仅作为被动接受者，还作为一个永远与自身背离世界的主动参与者。这个世界总是脱离联合，不合时宜，但始终都是我们自己创造的。

我们不希望在二元对立的范式（如艺术与艺术历史，艺术实践与理论）中探讨"策展性"，因此我们引入"哲学性"（the philosophical），并不是作为金科玉律或阐释一切的叙述，而是引入了一种略有差异的反思模式。这使得能够引入一种维持一定主权的关键优势，而这脱离了日常需求的当务之急。转向"哲学性"的举动，并不是一种等级制的自负，也不是一种学科或实践相对于另一种学科或实践的特权。仅仅是因为意识到，通过将一些当代的哲学和理论思想带入"策展性"的讨论之中，我们打开了以某种方式进行反思的可能性，这超越了对策展实践和经验的简单描述。鉴于策展领域不断向外扩展的趋势，以及其在视觉艺术和其他文化实践模式中的重要地位，在我们看来，现在势在必行的是发展一种超越专业语境的外在话语，并使其自身受到当今时代错综复杂的、道德驱动的思想挑战。

感谢参与研讨会的所有参与者、嘉宾及主办机构，感谢他们持续地为正在进行的讨论做出贡献。尤其要感谢金史密斯学院视觉文化系（Goldsmiths, Visual Cultures），其不断实验的精神使我们能构建"策展/知识"项目，进而探索我们所处文化的紧迫性。自"策展/知识"项目创建之始，我们便陷入了一个持续不断的讨论之中，并且我们所有人都意识到这些讨论在许多方向上蜿蜒而行。我们可能没有对策展领域做出很大的改变，但是我们已经建立了一个关于"策展性"的讨论，这对我们所有人都构成了挑战。

接下来的章节包括了"策展/知识"项目在最初 5 年中的一些研究。本书并不旨在对知识体系进行完整而权威的描述，但我们希望它会鼓励这种解构性的思辨（deconstructive speculation），而这一直是我们研究中最有成果和最令人愉快的部分。

让-保罗·马丁（Jean-Paul Martinon）和伊尔·罗格夫（Irit Rogoff）
于伦敦大学金史密斯学院视觉文化系

前言

1866年7月26日,法国象征主义诗人、散文家、戏剧人和时尚评论家斯特芳·马拉美(Stephane Mallarme,1842—1898)在他位于巴黎罗马路89号的公寓里,开始了记录一系列两小时左右的多感知(Multi-Sensory)事件的文本计划。他希望这些记录将构成地球生命最终的神秘阐释。[1]

在马拉美看来,这些事件会是魔术表演、小型游行、芭蕾舞剧、独奏会、炼金仪式、演算数学公式、阅读神圣文本、哑剧表演、沉思和精心策划的烟火。这些事件将在一个类似于舞台的巨型空间中进行,但它看起来又像19世纪的祭坛,并配有舒适的壁炉和煤气灯。一位"操作员"(半教士半喜剧演员)将在24位幕后"助手"的帮助下精心编排一场表演。

提到马拉美的名字,人们可能会联想到"精心编写的抽象诗歌",与之相反的是这些事件在很大程度上被认为是一种无脚本的流行情节剧,"无英雄"剧情将由普通公众("群众")表演,就像一场将所有艺术融合在一起的群众性的公共仪式。总体而言,马拉美致力于展示"思考思想本身",让诗歌和艺术与宇宙的运动同时进行,并在此过程中让生命的本质意义能在任何地方展演,且一劳永逸。在那个时代,呈现这些事件并不容易,马拉美将该计划作为一个终身项目,希望在辞世之前

---

[1] 马拉美家族后代救出的几篇笔记表明这是不可避免且非常有待阐释的。前言中提供的说明仅陈述项目的总体要旨。有关马拉美尚未实现的杰作的最全面介绍和分析,参见Jacques Scherer, *Le 'Livre' de Mallarmé* (Paris: Gallimard, 1957) and Eric Benoit, *Mallarmé et le mystère du 'Livre'* (Paris: Honoré Champion, 1998)。

能够完成。

直到22年后的1888年11月21日，该项目仍未完成。尽管马拉美对这个复杂的项目略感失望，但最终同意给它拟一个名字：他将最终的形态事件称为"这是"（This Is［C'est］）。令人遗憾的是，尽管他在犹豫、怀疑和焦虑中无休止地工作，但他的准末世（quasi-eschatological）项目却从未见过天日。这位诗人在1898年去世前留下的半张潦草便条中敦促他的家人烧毁与他30年未完成的杰作有关的所有文件。

在今天，显然马拉美的幻象计划可以被看作是一次艺术尝试，再次提出"整体艺术"（Total Work of Art）的典型案例，如理查德·瓦格纳（Richard Wagner）的"整体艺术作品"（Gesamtkunstwerk）或亚历山大·斯克里亚宾（Alexander Scriabin）的"天启秘境"（Mysterium）一样。然而，它也可以用不同的方式被理解：作为终极的策展性事件。我们怎么能忽视这个未完成的项目在"策展性"（the curatorial）这个词开始有意义之前的一个世纪就已经开始试图思考它了？如今，策展人所面临的全部问题都被列在了马拉美家人从大火中救出的几张神秘笔记之中。这些笔记可以用以下方式概述（无特殊顺序）：

"这是"（This Is［C'est］）呈现了他人（哑剧演员、舞蹈家、烟火技师、教士等）的作品：它本质上是阐述性的——既是展示又是解释。

"这是"将过去和现在融为一体（如古老的炼金术与现场沉思）：这是一个多时相（multi-temporal）事件。

"这是"引发"意义的星丛"（constellation of meaning），通过将多种艺术形式和空间融合在一起。这是任何一种单一艺术形式所无法达成的。

"这是"传递了一条消息：它实际上是在说"这是地球生命本质意义的诠释"。

"这是"中没有"英雄"。策展人是在幕后工作的简单操作者。没有哪位艺术家比其他人更占优势。这看起来是平等主义的。

"这是"揭示了一种技巧（艺术）展示自然（宇宙）的方式；是技术（techne）对自然（phusis）有计划的胜利：一场对熵（entropy）的胜利。

"这是"将人的能动性与"绝对者"（the Absolute）结合在一起。它不是宗教的，而是世俗又先验的。

"这是"并不是客体（艺术作品）与主体（观者）之间的相互对抗，而是以观者为中心的：观者使之具有体验性和参与性。

"这是"更像是一种展现,而不是一个展览。它展现但不展示:它展现出作者与作品之间的相互融合。

"这是"没有重要意谓(significance)的中心。它同时发生于舞台、沙龙和祭坛,因此创建了多个中心:它是多地点的(multi-sited)。

"这是"没有预先设定的规则、语法或句法。它需要在事件发生之时发明自己的语言。

"这是"没有提出预先规定的情节或模式;相反,它向观众提供了一个决定事件的协议。它是偶然的,不可预测的。

"这是"既是一次展演(它演绎了"绝对者")、一次描述(它是一种解释),同时它还具有真值(它成功与否)。因此,它是一种展示自身的展示语言。

"这是"没有单一的看法或观点:参与者制造了观点。它具有形成性、教育性和潜在的政治性。

"这是"看起来可能是一次失败的"整体艺术"(Total Work of Art)尝试,可能是一次超出了预期的宏伟愿景,但在当时也是一个超前的当代策展项目:作者已死;学科边界模糊;它具有展演性、开放性、通感性,以及潜在的政治变革性;最重要的是,马拉美的笔记以其无尽的数字证明了它的实现受到了经济条件的制约。

在涉及当代策展实践的文集之始援引这个有着奇怪想象的项目,其目的并非将"这是"视为"策展性"的陈词滥调的起源或最终指涉,而是要强调在解决这个复杂且具有争议的实践时所面临的一些问题。我之所以说"一些"是因为,众所周知,"策展性"永远不会被限制。如果能够通过阅读,将基于马拉美虚构项目绘制的清单和这本书中的内容融会贯通的话,那么"策展性"会渗透并延展至很多不同的领域和实践。当然也会有人质疑这是一个问题。针对这一点我想表达的是,恰恰是"策展性"千变万化的形式为它提供了力量和潜能。这也使得它成为我们这个时代的精髓所在,但不可避免地,它将难以被定义。

本书提供了多种研究综述来理解和解释什么是"策展性"。强调一下,我之所以说"多种研究",是因为其千变万化的形式无法为"策展性"本身提供一个全面或详尽的综述。本书结尾提供的冗长但非详尽的参考书目清楚地显示,已经有很多出版物(无论是好是坏)都在试图做这样的工作。

本书同样没有将"策展性"置于特定的历史(例如,一个关键性事件的总体性和权威式的叙述,告诉我们什么是艺术,以及艺术如何被"最好地"展演出来）或框架（涉及一个未明确定义的时代思潮的抽象概念，如"当代"）之中。最近出版的两本著作，泰瑞·史密斯（Terry Smith）的《思考当代策展》（*Thinking Contemporary Curating*）和保罗·奥尼尔（Paul O'Neill）的《策展的文化与文化的策展》（*The Culture of Curating and the Curating of Culture*）为"策展性"一词的概念提供了新的语境（在历史方面和其他方面），因此就不在本书中重复他们的成果了。

本书中的文章仅试图思考"策展性"一词的含义，不关乎特定话语（艺术史、艺术批评等）、学科（人类学、哲学等）、知识领域（艺术实践、视觉文化等）或意识形态（社会理想、信念信仰、政治议程等），而是旨在直观地揭示"策展性"是一个难以解释的术语，它无法被独立或全面地阐释，但尽管如此也不妨碍我们在生活和工作中使用这样一个模糊的术语。请允许我粗略地概括一下这是如何发生的（该总结与马拉美项目的一些主张不谋而合）。

"策展性"是一种打破原有禁锢框架的行为、一种看待世界不同之处的馈赠、一种创造新出发点的策略、一种致力于对抗社会弊病的实践、一种关爱人类的途径、一种恢复自身主体性的过程、一种重塑生活的战略行动、一种创造意义的感官实践、一种政治之外的政治性工具、一种维持社区团结的程序、一种对抗政策的合谋、一种保持问题持续提出的行为、一种保持愉悦感受的能量，是帮助我们回顾历史的手段，是创造影响的措施，是揭示难以捉摸之物的作品，是与时俱进的计划，是消解主客体二分的不断演变的方法，是对理解的共享，是对反身性的邀请，是一种操作的编排模式，是一种与企业文化抗衡的方式等。

虽然这些观点差别很大，但也许可以从中辨别出 6 个不同的主题。这 6 个主题并不是用来解释"策展性"的僵化模型，而是为读者在思考"策展性"时提供更多的可能性。这些主题如下。

* * *

"送别"(Send-Offs),其灵感来源于雅克·德里达(Jacques Derrida)理解形而上学转变的方式,这种转变发生在学术界旧式人文学科与当今提出的新式学科之间。这些新式学科不再局限于自身领域的探究,而是提供了一系列重新思考的契机。这可以在存在论(ontology)和存在者"科学"(ontic 'sciences')层面上被知晓,包括艺术史和策展实践。考虑到这种转变,"送别"讲述了整本书的中心思想:通过激发思维的转变重新对"策展性"进行阐释。因此,这一主题是为了确保本书在一开始就提出"策展性是什么"这个问题。在某种程度上,它表明"策展性"很可能不是你想的那样,而是要转变关注点来重新思考。

在富有诗意和令人回味的言语技巧中,瑞克斯媒体小组(Raqs Media Collective)以引人深思的寓言文字开始,提供了一系列新任务、期望和可能性,以使当今的策展意义更加深刻。他们的目标是扩展策展的范围和轨迹,以提供新的方式来使用"策展性"这个词汇。他们自称为"越狱者"(jailbreakers),并呼吁我们相互联系。

我紧随其后,写了一系列短文,试图评估当"策展性"与思想一起被理解时的情况。这些短文的目的是为了证明"策展性"不一定和历史或时代有关(如现代艺术或当代艺术),而是一种在与人和/或与物的相遇中组织思想的方式(如展示)。

阿尔弗雷多·克莱门特蒂(Alfredo Cramerotti)认为重新思考"未来如何到来"这个问题的答案藏在久远的报纸中,而不在我们的手机和电脑中。一旦我们从过去中探索出了答案,那么这项工作就在于策划我们的未来。克莱门特蒂认为,"策展性"将成为表达未来的方式。

在《扩展域》这篇文章中,伊尔·罗格夫(Irit Rogoff)严肃地暗示,我们信赖的基础设施(博物馆、展览、学术、建筑等)是有效的遏制形式,我们需要通过转移知识、感知和想象从它们的限制中解放出来。罗格夫并不是让我们去破坏基础设施,而是让我们与自己的当代性(contemporaneity)互动,以创造新的出发点。

最后,在《亲爱的艺术,谨启》一文中,纳塔莎·伊里奇(Natasa Ilić)接受挑战,并提出了一个大胆问题:为什么我们今天仍需要艺术?伊里奇通过将其置于前南斯拉夫共和国的语境之中,并重新评估她的策展团体WHW在过去

10年中所扮演的角色来回应这个问题。为了继续避免规范化、制度化和奇观化，伊里奇坦率地回答："保持耐心、保持信心，并重新提出质疑，这些都是为了重新开始新的方向。"

* * *

"人类行为学"（Praxeologies）探索了身体与展览之间的复杂关系。众所周知，谈论个人体验展览的感受时无法客观。展览对我们的影响是复杂而又难以言喻的。在这种情况下展出的内容不一定是我们关注的中心。然而，即使我们知道这一点，问题仍旧会再次出现：我们（艺术家、策展人、观众）的身体如何与不属于我们身体的身体进行交互？在本章中，试图回答这一问题的4种尝试均基于同一个前提：传统上认为与之建立关系的"再现模式"（representational model）已不再有效，我们需要一个新的方法来规避旧模型隐含的主观臆想。在这样的前提下，以下4位作者带领我们踏上了一条既不是暂时缓解也不是最终结果的抗争之路。就这样，他们开辟了一种可能性，即实践（practices［praxis］）和语言（language［logos］）的新形式。

斯特凡·诺沃特尼（Stefan Notwotny）借助盖乌斯·尤利乌斯·希吉努斯（Gaius Julius Hyginus）的寓言——库拉（Cura）将我们带回到"策展性"这个词的神话起源。他的目的不是再次强调这个概念的起源与关怀（caring）活动有关，而是要暂停或质询这个充满危险和不确定性的当下。通过这样的关注点，诺沃特尼为策展人提供了一种新的潜力。这种潜力将指导我们认识到人类意义的核心是什么。

在《生成策展人》中，苏珊娜·米列夫斯卡（Suzana Milevska）指出了选择策展作为职业的决定与"生成策展人"（becoming-curator）的持续行为之间的区别，为当今策展策略的运作方式注入了活力。她认为，我们应该去探究如何持续策展活动，而不是仅仅思考它的意义，去探究如何有效地利用策展活动质疑霸权主义结构,捍卫鲜为人知的艺术形式和文化生产。

莱尔·维加拉(Leire Vergara)通过尽可能多且庞杂的体制机构(包括白盒子)来探讨"精疲力尽"(exhausting)这一概念,从而向我们提出挑战。维加拉不是为了提出一种新的模型,而是为了重新创造新的实践性和主体性条件。本文叙述了编排(choreography)与策展之间的相似之处,并在此过程中倡导"精疲力尽"的策展实践。这并不是邀请你在体制机构中做一个旁观者,而是创造一种与现实互动的新形式。

最后,珍妮·道桑(Jenny Doussan)提出了这样一种观点——可以有一种不依赖于景观的有形体验,它不依赖于语言媒介及其附属制度或展览设施。为了回应这一观点,道桑提出了3种途径:身体自我更新的生命力、集体具身经验的无偿性、感官提供的具身认知经验。通过这些,道桑打破了乔治·阿甘本(Giorgio Agamben)禁锢我们的牢笼。

* * *

"运动"(Moves)可能会给人一种印象,即重点将再次集中在以下事实:一切都是短暂的,没有主体,没有客体,没有固定的知识,没有限定的身体,没有清晰的标记或界限,我们都在不断变化的场域中进行着无休止的表演。没有什么比这部分更脱离刻板印象的了。"运动"不仅意味着波动或不稳定,而且还意味着故意改变位置或计算得出的设置偏移。"运动"这一主题的总体目的是政治性的,试图扭曲、颠覆、滥用、误用通常被认为是理所当然的霸权主义。本章中的5位作者使用了一切可能的工具(实在/真实的或想象的)来实现这一点。最终的结果是文字、事件、策略、命名和语言的重新配置和重新分配。任何认真阅读"策展性"的人从此刻起都很难对此视而不见或充耳不闻。

在《当前任务:超越主权的桎梏》中,阿里拉·阿祖莱(Ariella Azoulay)向我们呈现了帮助她策划"构成暴力1947—1950"(Constituent Violence

1947—1950)展览的3种语言工具。起初,这些工具似乎只适用于以色列和巴勒斯坦:通过转移危险的轮廓和积淀让观者了解地缘政治局势以开辟一个不同的未来。然而,仔细阅读这些工具后,就会发现它们对策展人具有更大的潜力:这是思考策展政治伦理的一种方式。

莎拉·皮尔斯(Sarah Pierce)在《简单的操作者》中着重强调策展与策展性之间的转变。她的目标是关注于这个被称为"开始"(the beginning)的无形时刻:策展性的起点。策展通过设定或遵循真实或虚构的限制(资金期限、开放、关闭等)来构造自身,与之相反,策展性则是一个简单的运作,它使我们能够模糊所有这些期限和局限,从而具有挑战性,(有时)减弱其约束力。

多琳·门德(Doreen Mende)用3篇小短文让我们看到,一个意义上的微小移位如何能为策展研究开辟一个新的领域。她提出了3个尖锐的问题:策展与策展性之间是否存在盲点?除了展示之物之外,是否存在被抑制之物?曝光和阐释是否是艺术作品缺乏起源的症状?乍一看使用诸如盲点、抑制和症状这样的词语似乎是不合理的,但经过仔细推敲,它们很快就会显示出其真正的潜力。

鲁佩什·西塔兰(Roopesh Sitharan)给我们提供了一份用马来语和英语撰写的文本。他的目的并非不合情理的:例如,这是一种学究的诡辩行为。他的目的是通过语言的转换来揭示知识是如何发生的。这些可以是习语(在他的案例中是马来语——英语),也可以是策展(如主体——客体)。这些转变表明,如西塔兰所说的如果没有盲点或"真空"(vacuums),知识就不会发生。策展性需要它们,否则将不会(在页面或展览空间上)发生任何事情。

* * *

"异端"(Heresies)可以理解为一系列与普遍接受的观点大相径庭的观点。如果是这样的话,那么以下文章将被简单地理解为对"策展性"概念的批判。然而,"异端"在这里被理解为不同的含义。正如本章所证明的那样,问题不在于批判

（critique，假装站在体制外）或批判性（criticality，转变体制内的范式），而是关乎发明新的术语以克服困难。这种转变在这里至关重要，因为其目的不是提出新的意见（doxa），而是提出知识的再生（episteme）。在这一过程中，作者要求我们仔细检视我们的语汇，因为它可能包含许多刻板印象和断章取义，而现在应该替换它们了。

苏珊·凯利（Susan Kelly）回避了"问题只是论述的起点或框架"这一观点。她提出了将问题转化为政治激励（political incentives）的可能性，这种政治激励能够挑战霸权体系对知识和实践支配的方式。有了对问题的重新认识，凯利帮助我们看到，与通常认为的相反，艺术作品、展览或机构不只是等待回答的问题，更是赋权的场域，知识和实践可以重获其政治潜力。

诺拉·斯特恩菲尔德（Nora Sternfeld）质疑被普遍接受的观念，即策展只是简单地展示作品以提供教育和美学体验，其目的是为了提出策展的任务是确保观者之间确实发生了某些事情。不可避免的是，问题始终在于如何确保"某些事情"确实值得发生？斯特恩菲尔德通过强调始终保持问题的不确定性或可能性（决定性的"也许"）作为任何策展事件的原则宗旨以解决这一问题。

瓦莱里亚·格拉齐亚诺（Valeria Graziano）将策展实践置于社交情景的历史中：一方面是贵族和/或资产阶级的社交聚会；另一方面是公众的节日社交聚会。前者是对话语的傲慢关注，而后者则是通过身体的影响而集合。利用这段历史，格拉齐亚诺旨在将策展实践混为一谈，以使策展活动成为其应有的形式：既不是精英主义也不是民粹主义事件。

* * *

"重塑"（Refigurations）一词借鉴自学者唐娜·哈拉维（Donna Haraway）。在本书中使用这个词是为了避免成为重新塑造世界诱惑的受害者，也就是说，总是假装我们都（共同）认同当前世界的样子。因此，"重塑"这一主题放弃了阐明这些虚假协议的必要性，进而聚焦于通常被认为是理所当然的个人重塑上，为此采取了各种意想不到的形式：重新思考"现代"的概念，重新想象展览作为机制，重新书写当地社区或地区的历史，并重新表述"当代"的实际含义。借助这些重塑，"策展性"扩大了自己的职权范围，不仅成为挑战学科（历史、地理、人类学、人种学等）及其附属知识领域的工具，而且成为具有更大政治潜力的工具。

　　除了现代艺术，还有什么是最需要重塑的？与之前的观点相反，赫尔穆特·德拉克斯勒（Helmut Draxler）认为，现代艺术并不是历史上可以与当代艺术巧妙地衔接的特定时期。现代艺术从未离开过我们的理解视野，因为到目前为止它是多重性的影响和论述，抵制了所有归纳和归约的尝试。德拉克斯勒的论点在收藏和策展方面变得尤为尖锐，因为二者是真正的动力，继续使得"现代"艺术在今天如此不可思议。

　　让-路易·德奥特（Jean-Louis Déotte）通过将广播和展览置于同一级别来挑战我们的认知：二者都是复制（［re］production）的产物。德奥特以瓦尔特·本雅明（Walter Benjamin）的作品为论据，认为展览和广播是复制的产物，因为二者与艺术不同，是审美机制。但是，这并不意味着展览和广播与机械复制相同，而是仅仅意味着它们是象征性的工具，因此是与艺术生产相反，永远不会过时的权力工具。

　　安斯曼·达斯古普塔（Anshuman Dasgupta）的文章把我们带到锡金（Sikkim）。对他而言，当现场的动态在工作坊中暴露时，"策展性"则通过揭示自身来作为一个"感官"（sensuous）事件。工作坊的目的是使当地社区团结起来，以熟悉他们居住场域的动态。因此，策展人既不是人类学家也不是民族志学家，而仅仅是一个将人们聚在一起进行感性的社区建设的人。达斯古普塔通过他与众不同的策展项目，慢慢地重新诠释了这个鲜为人知的世界的历史。

　　最后，阿德南·马达尼（Adnan Madani）提供了三个相互交织的短文，分别呈现了当代、巴基斯坦和艺术世界的融合。对他而言，问题的关键在于了解——谈到当今巴基斯坦的世俗与宗教之间的不稳定状态时，人们谈论的是哪种当代性（contemporaneity）。这并不意味着要提出不同的现代性（如当今世界的不同先驱），而是旨在揭示当今使个人"当代"的许多矛盾，所有这些矛盾都是希望不要最终陷入一个永恒的无人之地。

* * *

"舞台"（Stages）并不是要把"策展性"与戏剧做比较。在戏剧中，舞台通常是演员进行表演的场域。当涉及"策展性"时，舞台的范围就扩展到了超越所有认知范围，包括建筑、地点、地理区域，甚至在某些情况下还包括国家。"舞台"一词的用意并非为了将"策展性"与发展过程中特定的时间长度，某一点，某一时期或某一阶段（如人生的 7 个阶段）进行比较。当谈到"策展性"时，"时期"的概念总是变得有些模糊：时间相互交错，以至于无法再谈论某个确定的时期，以及开始或结束的时间。相反，正如本章中汉娜·阿伦特（Hannah Arendt）在引文中所指出的，主体、客体、建筑、社区和世界共同出现，并由此形成一座城邦。"策展性"就是这座城邦，总是短暂的、不完整的，因此必然引起争议。如此看来，世界不是一个舞台，而是舞台造就了世界。

为了区分策展性（the curatorial，见证人和/或物相遇的事件）和泛策展（the para-curatorial，伴随展览的次要事件），布里奇特·克朗（Bridget Crone）建议将前者理解为一个感性舞台（sensible stage），也就是场域的组织和易识。因此，"策展性"或"感性舞台"可被理解为一个事件和一个范式，随着人、空间和物体的融合而形成。这种阐释为本章奠定了基调，当我们谈论"策展性"时，它使我们对工作中的动态有了更清晰的了解。

在《策展语境》一文中，安妮塔·希拉克（Aneta Szyłak）通过探索语境的概念进而扩展了我们对舞台的认知。作为一个语境策展的方法论者，希拉克的目的是表明语境并非一个框架，而是一个事件。这个事件不仅是在策展过程中被有意创造出来的，也是自发生成的。通过这种方式，希拉克并未针对如何研究场地或舞台、建筑或画廊、情景或环境提出一套解决方案，而是提出了一个每次都需要重新发明的实践方法。

伊内斯·莫雷拉（Ines Moreira）要求我们将注意力从舞台、概念、演员和场景中转移出来，以便关注幕后发生之事。采取相反的观点或专注于展示结构的另一面，则应着眼于通常在舞台之前（有时甚至在舞台之后）发生的混乱、困惑和无序，并揭示反映展览特点的反身性参与过程。从这个角度看，突然间，概念、思想甚至语言都以不同的方式出现，"策展性"将不再像看起来那样。

最后，文载允（Je Yun Moon）提出将"策展性"作为一种编排的操作模式来理解。她的目的不是将策展与舞蹈或策展人与编舞家进行对比，而是要强调一种新的实践可以创造出一种不同于主体性的关系，也可以创造出一种不同于由此产生的专业的关系。策展不是装配线中主题的产物，而是认知游戏的结果，这种游戏不断使人们质疑其主题及其实践的局限性。她认为，如此一来，"策展性"就变成了为他者书写的行为，一系列文字、图像和姿势的馈赠，而这些只能反过来被质疑。

* * *

本书以一个相当愤世嫉俗的尾声作为后记。查尔斯·埃舍（Charles Esche）对"策展性"的看法与承担着财务、政治、教育和社会责任的博物馆馆长非常相似。以这样的语气结尾并不是将一切回归现实而沾沾自喜的方式，一个最终"变得现实"的后记注定是最好的质疑，或者是最糟的否定，因为它使前面几章所讨论的内容变得无效了。埃舍的文章在这里只是想提醒我们眼前的任务，即产生他所说的"关键剩余"（a critical surplus）。这种"盈余"不仅可以使我们反思当下，还可以放飞思绪，不被意识形态或市场力量所左右，因为这种"盈余"不是任何人的所属物。

如果斯特芳·马拉美（Stephane Mallarme），这位古老的象征主义诗人在今天读了这些文章，他可能仍会对自己心怀遗憾，因为它们并没有提供能完成他"总体艺术"的方式或方法。但他也许会不情愿地承认地球上的生命之道，事实上并没有本质意义的解释，只有零碎的答案。出乎意料的是，这不仅给了我们重新思考的机会，也给了我们勇气，让我们勇于反抗那些对于简单公式化的自满、景观的诱惑、思想的积淀、话语片段的提取，最重要的是，反抗那些无止境的空洞承诺。还有许多事情需要去思考和完成，然而我可以很肯定地说《策展哲学》就是一个很好的起点。

让-保罗·马丁（Jean-Paul Martinon）

第一章
送别（Send-Offs）

策展性，来自空中飞人
瑞克斯媒体小组（Raqs Media Collective）

策展哲学论纲
让-保罗·马丁（Jean-Paul Martinon）

未来从何而来？
阿尔弗雷多·克莱门特蒂（Alfredo Cramerotti）
让-保罗·马丁（Jean-Paul Martinon）

扩展域
伊尔·罗格夫（Irit Rogoff）

亲爱的艺术，谨启
纳塔莎·伊里奇（Natasa Ilić）

一方面，现代科学（人文科学或社会科学、生命科学和自然科学）正在继续或重新开始，以适应当下的问题（目标、界限、系统目的论）。在哲学回归之时，无论我们是否想要它，无论我们是否坚持"后哲学"（post-philosophical）还是"超哲学"（extra-philosophical）的表现形式，它们不可还原的哲学维度通常存在已久。另一方面，诉诸于"送别"的思想，标志着今天是最非凡的，在我看来似乎是最有力的——在任何情况下都是最后一个——试图"思考"本体神学的历史和结构，甚至是普遍存在的历史。但是，当我们对其进行阐释，无论我们对这种思想或话语有何贡献，我们都应在以下标记之前停顿：目的指涉（发送 [sending] 或送别 [sendoff]、时代 [dispensation]、存在的命运 [destiny of being]、天命 [Schickung]、宿命 [Schicksal]、赠礼 [Gabe]、有存在 [Es gibt Sein]、有时间 [Es gibt Zeit] 等）似乎不再属于本体神学哲学的范畴，既不是"隐喻"，也非经验或衍生概念。因此，这里存在一种感觉，它无法还原为科学可以并且应该确定的东西，无论它是经验科学、自然科学还是生命科学，所谓的动物或人类社会、传播技术、语言学、符号学等。对于"送别"的另一种想法似乎对于展开哲学和科学、真理、意义、指称、客观性、历史的"重大问题"非常必要。*

——雅克·德里达（Jacques Derrida）

Jacques Derrida, 'Sendoffs', in *Eyes of the University*, trans. Thomas Pepper (Stanford: Stanford University Press, 2004), pp. 220–224.

策展性，来自空中飞人

瑞克斯媒体小组（Raqs Media Collective）

AZ

优势（Advantage）— 时代精神（Zeitgeist）
优势：有利的地位或条件。
时代精神：一个时代特有的普遍精神实质。

  "策展性"具有优势，超越了其他感知。它具有在不稳定的力量平衡中享有特权，部署术语、图像和思想共奏的能力，并因此能力而在美学或认知稳定性层面具有优势。

  本文提供了一种临时的、无序的但又严谨的词语概念：将连续的首尾字母（从AZ、BY、CX、DW、EV 等到 MN）作为检索，共涵盖了 13 组词语。

  这些短暂的任务、期望和组合的可能性为我们提供了对"策展性"概念的理解途径。对"精神"（Geist）的理解是一组由两个字母组成的代码（AZ、BY、CX等），用于注释我们时代精神中不断演变的行为。欢迎读者在每两个字母的词组中添加单词，以扩展其范围与规则。

  让我们各就各位，发挥各自的优势。

BY

边界（Boundary）— 约里克（Yorick）

边界：界限（limit）、边界（frontier）、周长（perimeter）。

约里克（Yorick）：不幸的小丑。他在哈姆雷特（Hamlet）的手中化为骷髅，在坟墓中沉思。

必须在同一时间提醒人们注意界限或边界。当观察者的视线保持静止时，地平线便成为监狱。但是，一旦观察者移动，监狱的大门就会打开。地平线延伸，每一步都向外扩展。策展的停滞（curatorial stasis）产生了框架和参照的监禁边界。但是，将策展的意兴（curatorial curiosity）扩展到"无人之境"可能会唤醒艺术生命的新形式。

"可怜的约里克。"哈姆雷特在墓地里拿着死去的小丑的颅骨说道。颅骨标志着界限——生与死之间的边界。曾经，小丑约里克是个爱开玩笑且富于想象力的人。但现在，他成了哈姆雷特手中微笑的骷髅。让哈姆雷特与骷髅相对旨在反思"尔之今日，正像我之从前；我之现在，恰如尔之将来"的必然性。但是在死亡面前欢笑的记忆表明，每个边界都包含着如何破坏它的秘密。从墓地可以看到位于监狱旁边的地平线。

CX

碰撞（Collision）— 旱生园艺（Xeriscape）

碰撞：两个或多个实体相互对抗的实例。

旱生园艺：一个干燥的花园，很少或根本没有灌溉。

每当我们在自己内部或周围目睹艺术形式的碰撞时，都会与"策展性"这个概念相遇。这可能会引发正面碰撞或无法预料的意外，因接触而产生的震动，怪异的残像及积蓄的知识抵抗着内在的意图。与生活中一样，艺术中的接触和对抗是误解泛滥和意义传播的时机。这里没有摆脱冲突和腐化的机会，也无法确保它们进入虚幻的安全区。既然已经告别了前进的道路，那么碰撞就显得毫无节制，并且全力以赴为人们提供了选择和可能。策展性可以说是后期处理（post-progress）实践。

如何灌溉雷区？

首先，用鹅卵石、浮木和弹片。其次，欣赏杂草和其他野性生命形式的坚忍，等待下雨。最后，学会在没有生命支持系统的情况下维持生命。

DW

无人机（Drone）— 唤醒（Wake）

无人机：一个人、一个奴隶、一架无人驾驶飞机、一位远程人员不断发出单一声音或嗡嗡作响。

唤醒：过往之物在水中或任何液体中留下的痕迹。作为动词，尤其是从睡梦或者无意识之中被唤醒；纪念死者和／或哀悼死者的彻夜集会。

飘浮在未知区域上空的一架无人驾驶飞机是远程策展律令（curatorial imperatives）的动因。它近似精确地选择、调查，并在释放其有效载荷时发出嗡嗡声。目前，领土已被平定，但对更多无人机的需求仍在增长。

在地面上，唤醒伴随着附随的损害。

随着时间的流逝，哀叹——在无人机飞行路径下的短暂痕迹——将被彻底分析。这种分析也将被称为策展工作。

EV

象征（Emblematic）— 虚空（Void）

象征：重要的、标志的、迹象的。

空虚：虚空、虚无。

曾几何时，可以随意谈论"我们"时代或"所有"时代的象征性作品。这些孤立的君主可以阐明并揭示天赋及生命与时间的创伤。

国王死了。王冠之下一片虚空。去世的君主的幽灵不知不觉地成为了弄臣、编年史家和吟游诗人。有些人被埋葬了，等待着掘墓者光临。策展性的感知可以被看作通过创造性的园艺使墓地适合步行。

FU

法证（Forensic）— 本影（Umbra）
法证：揭示犯罪现场的分析和调查程序。最初是公开演示或展现证据。
本影：阴影。

每当策展试图审查世界上的罪行时，都会在真相之光和它试图阐明的表面之间创建自己的阴影。进行法证操演的欲望越大，迷雾就越浓。有时，可以尝试反向的过程。通过对阴影进行策展，可以借助缺席推断出光源的位置。

GT

灵（Genie）— 转速表（Tachometer）
灵：一种精神，能开启禁忌，被赋予魔力，展现其魔法。
转速表：一种用于计算转速的设备，用于测量电动机的速度和功率。

精灵的力量从远古时代就打动了所有人。几百年前释放出来的恶，在其周围筑起了一道屏障，似乎超出了所有人的掌控。

策展的能量正在与这种灵力的无数实体化身进行着斗争，并从反面来欺骗它，使它屈服。同时，试图将其变形为微小之物以躲避灵的注视，并通过在其耳边停留筹划。

在这里，必须使用破损的发动机，中断转速工作，以便它们可以将自身运送至更远之境。

HS

奇术（Hocus-pocus）— 涌动（Surge）
奇术：虚假魔法咒语的感叹。
涌动：有力的向上或向前运动；可能是突然的（如推力）或持续的（如微波）。

每个咒语都有其秘密。当有人说起奇术（Hocus-pocus）时，他们可能没有意识到他们实际上是在念乱七八糟的咒语，如"这是我的身体"（Hoc Est Corpus Meum）。押韵的咒语背后是对变体/转化（transubstantiation）的渴望——把面包变成肉，把酒变成血液。话语（discourse）在策展的语境中是真正的奇术。
肉与血液转化的秘密不断涌现。

IR

介入（Insert）— 残存（Residue）
介入：添加、置于、切合，或添加、置于、切合之物。
残存：剩余之物。

介入可以是潜入、置于、占据某物，逐渐添加到现有总和之中而不会引起注意。剩余之物就是被遗忘的、未被计数的、仍然留在阴影之中的事物。介入和残存都在计算的边缘占据一席之地，隐藏在褶皱的深处或轮廓的雷达之下，但它们却改变了计数。
有时，添加超出了必要，就创造了盈余。每次相减都会有残存。介入和残存之间的关系也跨越了这个微妙的悖论。策展性是考虑比例多少的一场博弈。

JQ

越狱（Jailbreak）— 本质（Quiddity）
越狱：使设备从其规定的操作模式中解放出来。

本质：事物的固有特性或实质，即"本体性"（what-ness）。

一个人可以通过打破电话、计算机、平板电脑等设备的程序模式来完成原本无法完成的事。策展行为可以作为越狱（jailbreaking）的一种形式：哄骗作品脱离其惯用的框架；激发一种脱离预定结果的情况，一种脱离其作者、行动者和机构意图的情况；创造一种使其可以从其本质上释放出来的条件。

有时，我们试图描述的越狱行为只是感质（qualia）的变化，从本质（quiddity）—本体性（what-ness）到"此"性（haecceity）—这个（this-ness）。为此，这种变化是在探寻"这是什么？"（What is THIS?）而不是"这是**什么**？"（WHAT is this?）。

KP

鸠槃羯叨拿（Kumbhakarna）—命题（Proposition）

鸠槃羯叨拿：梵文史诗《罗摩衍那》（*Ramayana*）中的战士，因其贪婪的食欲、巨大的力量、道德上的疑虑（他不想为不必要的战争而战，但出于义务和忠诚，他被迫履行职责），以及他的偏爱（给予他的福利）冬眠半年。

命题：一个词其含义可能会有所不同，具体取决于使用的语境：从断言到提议，再到试图诱惑。

鸠槃羯叨拿命题（The Kumbhakarna Proposition）是一个提议，将策展性视为一种深耕蛰伏的、沉默的力量，其唤醒会产生意义。就像鸠槃羯叨拿的精湛技艺（某种程度上归因于他偏爱沉睡而非清醒）一样，策展性可能会从蛰伏中获得力量。断言、提议或渴望诱惑进入长期的无形发酵之中，这可能被视为徘徊或游荡于思考的策展策略，而不是为了执行目的而匆匆忙忙。因此，慎思（deliberations）有时比表达（deliverance）更为重要。

MN

形态（Morphic）— 涅槃（Nirvana）
形态：与形式有关。
涅槃：从自身束缚之中解脱出来。

形式安排以期发现模式，有助于积累与对比度集中相对应的共振。它也可以是削减、剔除、消解。策展性是一种多态的实践。

不同形式之间的关系被证明是相互依存的一种因果关系、碰撞关系和结果关系。当艺术作品的出现和存在是根据其他作品、过程、感性，甚至偶性的存在而定时，作品便会相互融合。编织这些共同存在悬置的复杂网络会引起策展感性（curatorial sensibility）。在这种相互关系中，形式自身的附属被切断了。

做空中飞人表演的杂技演员必须克服放手的恐惧，而当下就是形式从自身中的解放。

我们可以将这种可能性称为策展性，至少现在可以。

策展哲学论纲 [1]

让-保罗·马丁（Jean-Paul Martinon）

> 当然有人会说，"言论和写作的自由可以被一种更强大的权力夺走，但思考的自由却永远不会被剥夺！"但是，如果我们不像其他人那样，与我们相互交流的人共同思考，那么我们会思考多少，又有多正确呢？
>
> ——伊曼努尔·康德（Immanuel Kant）[2]

馈赠（Gift）

策展性是一份馈赠，是我给你的馈赠。首先，它是给自己的馈赠，然后才是我们之间的馈赠。这种馈赠不是一个人传递给另一个人的包裹。我们都知道，作为包裹的馈赠（gifts-as-parcels）必然是契约的一部分：我给予你一份礼物、一件作品或思想，以换取你的友情、爱情、相遇相知。但是，为了拥有这个契约或馈赠，你首先需要一个初级的馈赠，需要一个初步的决定，一种超越所有形式的慷慨。策展性正是这种初级的馈赠，在主体/客体或策展人/观者的关系之前，在任何契约确

---

[1] 这篇文章的标题显然是为了引用瓦尔特·本雅明（Walter Benjamin）著名的《历史哲学论纲》(Theses in Philosophy of History)。但是，这里引用不是为了评论本雅明论文的内容或模仿其特有的寓言风格。本雅明的论文是哲学史上最具代表性的分析之一。在本文的标题中与之呼应，仅应被视为在策展语境下对其方向的轻度推动。有关本雅明的论文参见瓦尔特·本雅明：《启迪》（Hannah Arendt 编，Harry Zorn 译），London: Pimlico，1973年，第245—246页。

[2] Immanuel Kant, *Critique of Practical Reason*, trans. Lewis White Beck (Indianapolis: Bobbs-Merrill, 1956), p.303.

立之前，因此是礼貌之前的馈赠。这样，在进行任何适当的策展之前，策展性首先将自己确立为一种由激进法（a radical law）[1]构成的馈赠。没有此法，作为包裹的馈赠是不可能的。不可避免的问题是，正如乔治·巴塔耶（Georges Bataille）所教导我们的那样，这份纯粹的馈赠无法有效地分配给任何形式的存在[2]。对于这份原始的馈赠，这份慷慨，以及由此而来的策展性的思考，使我们不能仅停留在促使一场展览发生的必要性上（例如，我们真的需要这场展览吗？）。因此，对于策展性及这份馈赠的思考，是为了在必要时止损，在任何形式的社会文化或政治紧迫之前，在不可能包容、限制或扬弃之时。因此，作为馈赠的策展性，在内心深处有一种幻想的逻辑（a logic of fantasma[3]，"需要"阐释或再现的内容），也就是说，具有一种无法逃避的幻想的不可约性（irreducibility）。没有什么能阻挡策展性。没有这份最初的馈赠，阐释和再现将不会出现。

具身性知识（Embodied knowledge）

与策展相反，策展性是一个无法获得任何收获的事件。策展是一种构成性行为（constitutive activity），而策展性是一种破坏性行为（disruptive activity）。它颠覆了既有知识：我们通过艺术、艺术史、哲学、认知、文化遗产所理解的一切，即构成我们的一切，包括陈词滥调和障碍焦虑。因此，正如威廉·卡洛斯·威廉斯（William Carlos Williams）在诗歌中传递的那样，策展性是对既有知识的颠覆性具现（disruptive embodiment）[4]。那么如何理解这一点？我们的身体占据了空间，而这种占据空间的行为破坏了构成和阻碍我们之物：即我们认为理所当然的知识。当我

1　我在之前两本书中探讨了这种特殊的列维纳斯法则（Levinasian law）：*After Rwanda* 和 *The End of Man*。因为本文多次提到了该法则，所以我不得不总结一下：这里提到的法则是绝对异质性的，是无法预料的，以及无法辨别的或忽略的。法则打破了时间和空间，时间的流逝总是使我们无法"在时间之中"。有关此议题的更多信息，参见 Jean-Paul Martinon, *After 'Rwanda'* (Amsterdam: Rodopi, 2013) and *The End of Man* (New York: Punctum Books, 2012).

2　Georges Bataille, *The Accursed Share*, vol. 1, trans. Robert Hurley (Cambridge: MIT Press, 1991).

3　我在这里故意使用拉丁语 fantasma 而不是英语 phantasm。前者指鬼魂，后者指想象的幻象或幻影。必需与需求的驱动力常常是幻想性的，但不一定会出现幻影。

4　William Carlos Williams, *The Embodiment of Knowledge* (New York: New Directions Books, 1974).

们的身体在空间中移动时，策展性通过创造性的步骤或失误从一个空间转移到另一个空间。因此，策展性是一种颠覆性的慷慨（如上文所定义的，一种馈赠），它永远不能被恰当地转译成语言，而且总是让步于知识获取与交换的经济。从我们称为策展性的事件之中确实无法获得任何收益。策展性作为对知识不必要的颠覆，自相矛盾却又不可避免。它是一种知识生产的方式。

另一种叙事（The other of narrative）

荷兰艺术史家米克·巴尔（Mieke Bal）指出，策展行为代表一种指向行为："看！就是这样！"（Look! That's how it is!）[1]因此，策展行为使人想起我们人类为理解自己而进行的这些叙事。我们歇斯底里地指出，"我思故我在"（Ego Sum!），或者更确切地说，因为我们不能忘记他者，"我和（你）一起在"（Ego Cum!）。思想、话语、断言，换句话说，是一个古老的现代寓言："我思故我们在。"（勒内·笛卡尔）或再次更新它："没有群体就没有我。"（莫高贝·拉莫斯）[2]当然，我们都知道，没有一个指向（pointing）能够建立一个固定的、可识别的"观点"（一个可识别的"我"）或一个确定的理解视域（一种可识别的"思想"）。但我们不应绝望。在所有这些指向中（"我""我和你""我和物"），我们仍持有颠覆性的意图（如策展性一样），去思考所有这些指向之外的问题。指向。重新思考。指向。重新思考。这种令人沮丧的努力总是以新的断言和寓言结束，而这些断言和寓言需要被重新思考和审视。努力越多，指向越多。相较策展（"看！就是这样！"）而言，策展性是重新思考一切指向的不断努力，重新思考艺术家、策展人和观者面对知识体系时所做的一切叙述。

间距（Spacing）

策展性是彼此关注的间距。这并不意味着展览总是暴露对他者、政治或社会问题的特别关注。因为策展总是传达着"看！"和"就是这样！"，所以即使它具有利他和道德动机，也注定会失败。它之所以失败，是因为策展暴露出对展览、

1　Mieke Bal, *Double Exposure: The Subject of Cultural Analysis* (London: Routledge, 1996).
2　Mogobe B. Ramose, *African Philosophy Through Ubuntu* (Harare: Mond Books, 1999).

艺术家、策展人的关注，尤其是对于所展示的对象，然后才是对他者或观者的关注。如果不是这种情况，博物馆的策展人就不会担心观者潜在的、不可预测的行为。策展确实居于自我维护（self-preservation）之上，而这甚至没有提到"修复"（conservation）这个词。这里所关注的间距是策展性的间距。与策展不同，策展性间隔了自身对他者（如在展览空间中徘徊的艺术家、观者、策展人）的关注。这里没有道德行为准则，只有一种伦理空间性的暴露，身体在空间中超越、对抗和面向他者时所处的位置，以及由此引发的所有问题（从尊重到冲突）。策展性是指在任何道德准则或标准制定到位之前，对他者关注的间隔。这种空间响应永远不会受到任何资金、监管或道德委员会的严格审查、评估或监控。正如伊曼努尔·列维纳斯（Emmanuel Levinas）[1]所言，这是一部根本不同的法律[2]，不懂立规或法理的法律。

测绘与布局（Mapping and playing chess）

约翰·塔格（John Tagg）指出，策展就是测绘。[3] 它尝试：一是，测量一个世界（艺术、艺术家、世代、地理等）的尺度；二是，确定度量（将其转译成一种通用语言：艺术史、人种学、历史、社会学等）；三是，赋予它一种意识形态特征（以一套共同的原则或政治信仰有倾向性地陈述）；最后，向观者隐藏导致这种测量、赋形、陈述和意识形态的方法（永远不要揭露交易的秘密，尤其是当这些秘密基于偶然或裙带关系的决定时）。因此，策展，就像测绘一样，在拼命试图展示的过程中总是已经过时。相比之下，正如于贝尔·达弥施（Hubert Damisch）清楚地表明，策展性是用已经被测量、赋形、理想化和隐藏化的内容巧布棋局[4]。下棋不为胜负，而是为了达成人们所见、所闻、所感。这并不意味着与观者的感官达成协议，而是仅仅意味着给自己自由，让自己避开线性路径、顺序编码、惯性思维、歪曲的

---

1 "对此命令，我们总是不知疲倦（sans relâche）地提出一个'我在此'（me voici）的答案，而代词'我'在宾语中，并不是能够被同化的，被他者占有的。我在此——是借由灵感言说，不是优美的文字或歌曲的馈赠。"参见 Emmanuel Levinas, *Otherwise than Being*, trans. Alphonso Lingis (Pittsburgh: Duquesne University Press, 2004), p.142。

2 见注释3。

3 约翰·塔格：《摄影实践的社会主义视角》，载《思考近期英国摄影的三个视角》，伦敦海沃德画廊（Hayward Gallery）和英国艺术协会（Arts Council of Great Britain），1979年。

4 Hubert Damisch, 'Moves: Playing Chess and Cards with the Museum', in *Moves* (Rotterdam: Museum Boijmans Van Beuningen, 1997), pp.73—95.

叙述和直率的态度。策展性是对策展的解放，是对展示（论点或对象）的解放。换句话说，它将被展示的内容释放，将被测量，被赋形，被理想化和被隐藏化的内容释放。

送别（Send-Off）

策展性是一种永远不属于任何机构的送别。送别并不是建立在对回归的希望或恐惧之中，而是建立在对机构和策展局限性的挑战之中。换句话说，策展性是一种送别，因为它迫使策展远离自己的舒适区。因此，策展性的目的，即送别的目的，自相矛盾的是，不惜一切代价避免提案和项目、计划和设计、目标和目的、战略和战术、议程和平台，即任何旨在限制未来、设想未来更加未现（future-present）。策展性对任何试图规避框架、组织或冻结理解的尝试都避之不及。考虑到这一目标（如果可以这样说的话），策展性总是通过将未来变得更加未来化来阐明自己，对它进行未来化处理，以使它不再是妄想或乌托邦式的，而是激进的，一种根本无法预测或保护的激进性（radicality）。这并不是要破坏策展人（精心）计划的项目、（职业）计划、目标或命运的构想，而是要分散他们的注意力，如雅克·德里达（Jacques Derrida）所言，保持开放和拥抱的可能，而其他的可能性蕴含着其他的未知性，这既诱人又危险。[1] 策展性是一场送别，一个节奏的打破者，一个秩序的扰乱者，这是引发展览担忧的原因。如果策展是一种（机构）实践，策展性就是它的送别。

想象的力量（Warrior of the imaginary）

策展性开始于当有可感知的盈余要求破坏的时刻。这并不意味着策展性开始于舒适感触及的那一刻，仅仅意味着策展性开始于范围、视野被界定前的那一刻。策展性一旦被划定边界，便冒险尝试破坏它，但不是通过替换界限，削弱内容或转移视域来破坏它。策展性以不同的方式，例如通过负荷界限，权衡超载，扩大视域来破坏它。总的来说，这种致密化只有一个目的：为了避免一切局限其范围的行为。

---

1 有关"送别"（send-off）参见 Jacques Derrida, *Eyes of the University, Right to Philosophy 2*, trans. Jan Plug (Stanford: Stanford University Press), 2004。

它打算仿照帕特里克·夏穆瓦佐（Patrick Chamoiseau）的工作进行致密化处理，以扩大想象力的潜力。[1] 为什么是想象力？因为想象力是永远无法被确定的唯一事物，它永远不能被学科或实践所约束。因此，想象力是一个纯粹的政治工具。这不是观念论。相反，这是可以想象的最具体的战场，因为它既不懂修辞也不懂斡旋，因此它既不欺骗也不虚伪。如果策展性可以被看作是在鼓励什么，它将鼓励艺术家、策展人和观者保持那种对未知的渴望：拥抱想象之力，冲破约束规范。

多域之境（A place that isn't one）

策展性总是发生在应许（即将到来的反思、静观或行动）和救赎（学术成就、审美情感或政治决心）之间。因此，它发生在一个陌生之域：不是博物馆、画廊、展览空间、替代空间、收藏家的客厅、理论家的教室、活动家的战场或虚拟环境，而是完全不同的地方。它发生在一个非限定的但视域有限的地方。如何理解这个疑惑之所？让我来慢慢道出。它是无法被限定的，是因为它就像意识一样，永远不会被固定或局限[2]：它总是破坏、挑战先入为主的秩序，使稳固的根基不安。之所以是有限的，是因为它必然由死亡构成：策展性就像意识一样，早已是一具垂死的身体，是一种有限的思想。因此，正如雅克·德里达（Jacques Derrida）所理解的那样，策展性与悼念是无法区分的。[3] 最后，策展性之所以是一个视域（horizon）[4]，因为它必然涉及内陷的拓扑（身体和心灵），也就是说，拓扑永远不能被限制（身体或心灵到底停归何处？）。策展性所处之地，这个永远无法被界定的"之间"，为

1　Patrick Chamoiseau, *Écrire en pays dominé* (Paris: Gallimard, 1997), pp.301—310.

2　这里应该以胡塞尔（Edmund Husserl）的理论为中心来理解比较"策展性/意识"（curatorial/consciousness）。参见埃德蒙德·胡塞尔：《纯粹现象学与现象哲学的观念》第一卷《纯粹现象学通论》（Fred Kersten 译），Dordrecht: Kluwer，1983 年，第 192—195 页。

3　哀悼在这里既不是摆脱死者的过程，也不是重复或拜物的过程。哀悼具体化了构成我们的死亡——我们的死亡，他者的死亡。因此，这项工作将永远无法完成，因为任何尝试都不会成功。参见雅克·德里达：《多义的记忆：为保罗·德曼而作》（Cecile Lindsay, Jonathan Culler, Edouardo Cavada and Peggy Kamuf 译），New York: Columbia University Press，1986 年，第 35 页。

4　"视域"（horizon）一词在本文与论文 VII 中的含义不同。它不代表地球与天空相遇的地方，也不代表标志着天堂与地狱或主体与客体之间的分隔。"视域"一词在这里既不是抽象的限制，也不是归纳性限制，无法被限制的事物，不是因为它是无限的，而是因为它是由我涉身性的限制构成的，由组成我身体的极限构成的。另参见《策展性，来自空中飞人》一文中的"边界—约里克"（Boundary-Yorick）。

其提供了无尽的视域，但自相矛盾的是，它仍保持有限，从而清楚地证实它确实是一个事件。

无知的身体（The ignorant body）

正如我们所看到的，策展性为了创造知识而破坏知识。因此，它目的是为划定更多的界限提供可能性，同时为实现意义的充分性，为确立理解的视域提供可能性。这样，策展性就不会考虑将自己放置于一个既有的、固化的知识体系中（如艺术作品）——真实的或隐喻的——也不会考虑将自己置入由策展人建立并准备好的空间场地之中，并准备由观者进行审视或分析。正如我们所看到的，策展性关注的是这些界限、质量和视域的致密化，以及其所定义之物与既有知识体系。这种奇怪的关注背后的解释学目的（如果有的话），并不是对这些知识体系进行结构或解构，确认其是否可用于阅览和教学，以及鉴定其是真是假。其实，策展性关注以上所述领域的目的很简单，就是维持它们的继续形成，尽管这看起来令人失望。因此，也许对于自己而言并不为人所知，但策展性珍视无知，不是出于对愚蠢的渴望，而是从巴塔耶式的意义上说，是放开所谓的（有时是拼命地）占有。[1] 换言之，策展性珍视抵制知识的行为。因此，策展性只能远离既有的知识体系，或是将其抛弃，进而重塑自身，即无知的身体。策展性在巡视过程中，并不是从一个展览空间移动到另一个展览空间，或是从一个知识体系移动到另一个知识体系，仿佛是探寻之旅中，仅仅为了释放知识，即为了维持知识的破坏。

思想（Thought）

我们经常抱怨无法限制策展性的范畴，因为它总是积极地参与不止一个学科或实践（如艺术与建筑，或艺术与人类学）。但是，这种抱怨背后的真正问题是：是否有可能限制思想？这并不意味着思想（及策展性）必然是不受约束的，因为它总是已经处于演绎之中。相反，思想（及策展性）是自身形成的，正如马丁·海德格

1　Georges Bataille, *The Unfinished System of Nonknowledge*, ed. Stuart Kendall, trans. Michelle and Stuart Kendall (Minneapolis: University of Minnesota Press, 2001).

尔（Martin Heidegger）所言，思想作为结构变化的可能性不断显现。[1] 换言之，思想构成了偶然并形成于偶然之中。因此，一个人不会因为受到限制（如艺术作品）而无法策划或观看一个展览。这些限制（及这些作品）会在我们创建它们之时意外地形成。如今，策展作为一种行为不是越来越趋向于参与，对所展示的内容承担责任吗？因此，策展性是一种行为，始终参与学科或实践，并不断超越其本来不变的表象。毫无疑问，在阅读上述文章时，每个人都存有疑虑，即如何区分策展性和思想？正如我们所看到的，这样的区分将会终止思想和策展性，即以不再意识到自己的方式改变结构变化的可能性。但这有可能吗？难道这不只是意味着跳出思想（及策展性）范式吗？如若可能，思想将不再能够再现（策展）其自身，策展性也将不再能够思考其自身。它们之间的相互依存是不可削减的，而这就是原因。

1　Martin Heidegger, *Discourse on Thinking*, trans. John Anderson and Hans Freund (New York: Harper & Row, 1966).

未来从何而来?

阿尔弗雷多·克莱门特蒂(Alfredo Cramerotti)
让-保罗·马丁(Jean-Paul Martinon)

我曾经有一个同事玛丽亚,她每天晚上都在家看两年前的报纸。[1]办公室里的每个人,包括我自己,都经常拿她这种相当奇特的消遣开玩笑。

直至今天,我的看法发生了变化。在我看来,阅读过去的报纸实际上是一个明智的举动:一种预见未来而非回顾过去的行为。但是这怎么可能呢?旧新闻如何使我们得以窥见未来?最重要的是,这与策展(curating)和策展性(the curatorial)有何关系?

阅读一份旧报纸实际上会让你不寒而栗——不管是出于恐惧还是兴奋——关于现实如何不再感到"真实"。但当我们谈论现实时,我们指的是什么?一般情况下,一份报纸记述了一系列前一天发生的记述、故事、叙事或评注。因此,一份报纸给人的印象是具有真实价值的,因为它假装描绘了事件发生后的即刻现实。

无法避免的是,这种表面上的真实随着时间的流逝失去了它的价值。根据其他记述、故事、叙事和评注,事件被逐步读取,事实被置于不同的语境之中。还记得"9·11"事件第一次出现在报纸上时的情景吗?奥萨马·本·拉登到底是谁?现在我们都知晓了。之后对"9·11"事件的理解,再也不能像2001年9月

---

[1] 由阿尔弗雷多·克莱门特蒂(Alfredo Cramerotti)撰写的本文的简短版本发表于《传动》(*Transmission*)杂志上。这是一份临时杂志,由 SI Sindrome Italiana 发行,MAGASIN–CNAC Grenoble,2010年。

12日晨报上报道的那样了。

这种真实价值的丧失，同时也是一种天真的暂时丧失，其问题的关键在于，从来就没有一种立场能够把握住事件的全貌。无论是当时的版本，还是两年后的都是如此。我这样说并不是强调——我们都会达成共识——报纸总是带有某种偏见。因此，我想要传达的是，报纸永远无法从各个角度把握"一天"。没有完美或全面的视角来书写或观察现在或过去。现在和过去都是有效的持续建构。

这就是报纸区别于电视直播或新媒体新闻（如推特）之处。与这些新兴的传播模式不同，报纸上的叙述实际上始终属于过去，并被"共同地"理解为一种持续的建构。只要报纸仍然是使用纸和墨的印刷品，就无法提供有利的条件，使我或任何其他人像现场记录一样目击事件。

因此，人们会认为旧报纸毫无潜力。它总是呈现已逝之事且毫无用处，它只能被丢弃，人们无法从中预料到任何事情。人们认为真正重要的是"实时"传播，即最新的推文。这些推文是使我们行动的唯一机会。例如，在冰岛火山灰云时依靠推文确定其旅程的人数，以及推文在2011年伦敦暴动中的运用。在这种特殊情况下，除了征求人们的意见之外，阅读报纸是一种无用的行为。最新的推文是唯一不仅具有真实价值，还预设了未来的东西，因为其促进了行动。

然而，除了所有这些之外，玛丽亚还是继续阅读两年前的报纸，她也因此向我们展示了另外一些东西。

阅读旧报纸告诉我们，事实上，未来并不总是出现在手机、平板电脑或计算机上，未来也来自旧的印刷品中。这并不是对报纸的消失表示遗憾，也不是对一个没有超链接的世界的怀念，阅读旧报纸反而暴露出一个问题：未来从何而来？

与新闻不同，旧报纸实际上揭示了一定的双关语。它不仅揭示了"过去"，同时也暴露了过去所缺失的：它的紧迫性。换句话说，昨日的报纸确实揭示了某种缺失，那就是使该事件值得一读的原因。这样一来，旧报纸上的事件基本上就从迫切的需求中剔除了。这种空虚反映了过去的模棱两可。

但是人们如何去理解这种剔除，这种重要性的丧失，这种空虚呢？与其批评报纸无法随着时间的推移，完美地冻结事件的紧迫性，倒不如承认他们对时间的不满揭示了关于当下本质的双关——无论是在一天或两年之后生活还是叙述。事实上，旧报纸揭示了"现实性"既不是完全存在，也不是完全缺席，两者是同时存在的。

因此，报纸（旧或新）实际上是可识别的当下（已知事件全貌）与无法识别和无法言说的当下（未知事件全貌）之间令人难以置信的模糊边界。它可以这样理解：作为界限，报纸失去了它们的紧迫性，在承认（recognition）和遗忘（oblivion）之间摇摆不定。例如，谁未曾对过去几个世纪多余的担忧感到惊讶？想想维多利亚时代的人们在汽车发明之前是如何担心马粪增加的，或是在中央供暖系统发明之前是如何担心伦敦被大雾笼罩的。

因此，旧报纸告诉我们，当下从来都不是简单的或与其相称的，它总有一个缺口，一个永远无法衔接的缺口。缺乏连贯性不仅使其显得奇怪或尴尬，而且已无法阻止其自身的消失。如果不是这种情况，那么当下将是无法忍受的，所有的一切都将自身存入记忆。通过这种方式，旧报纸将过去或现在呈现为未定的、残缺的、令人沮丧的且模棱两可的，它总是随时准备沦为不朽过去的牺牲品。

因此，这产生了一个令人难以置信的后果：旧报纸的模棱两可和令人不满的性质表明，时间本质上"不是"瞬间呈现的连续流（a continuous flow）。换句话说，旧报纸打乱了一系列当下的所谓时间序列的同质性。借用哲学的词汇进行阐释，旧报纸告诉我们，时间永远不可能是目的论的。它们的印记剥夺了一个不属于我们当下的时间，从而破坏了将历史视为一系列可识别瞬间的可能性。

但是当我认识到了这一点，我应该如何去做呢？这与策展有什么关系呢？

与其哀叹旧报纸如何破坏了当下的同质性，破坏了历史的连续性，我不如学习玛丽亚，并与她一起参与进一步破坏和颠覆当下和历史连续性的过程。换句话说，我还应该通过破坏和重构我的过去和现在来利用这种"鸿沟"或时代错置（anachronism）。这就是这种认识带来的结果。

事实上，现在回想起来，玛丽亚的离散阅读实际上是一种特殊的策展行为：通过阅读旧报纸，她为自己策划了一个不同的现在，一个不同的未来。她间接地重组了过去，重写了旧的故事，从新的角度看待旧的事件，并赋予旧的紧迫感以新的生命。她的策展工作可能不是基于作品、社会或空间构建的，但在她的思想和生活中，世界突然变得不同。这不正是每个策展人梦寐以求的吗？这使我们有可能以不同的方式看待世界。玛丽亚对过去的紧急情况有着不同寻常的侧面解读，因此她比任何人都更了解这一点。

通过这种不同寻常的策展，未来无法被预知、筹划、预测或者预言。未来源自位于过去或现在核心之处的"鸿沟"或时代错置：存在与否，无法确定，而这正是我们能够阅读当下和过去的事件（历史中的艺术作品或事件）的原因，这就是我们能够策划展览的原因。对于"未来从何而来"这个问题，其答案蕴藏在旧报纸和杂志、历史和事件、艺术家的故事和寓言之中。正是在这种"现实性"的双关之中，策展才得以发生。

这些思考使我得以继续工作，同时也使我对下一步的工作有了更深刻的洞察。除了死亡，没有什么能阻止这种不断更新的认知："鸿沟"或时代错置总是存在，因此使我能够重塑我的日常现实[1]，重新规划我的生活。带着这样的想法，我现在能够阅读艺术作品、事实或现状，发掘它们的真正潜力。历史和当下总是重新开始，这难道不是参与的本质吗？

因此，玛利亚用她的阅读行为策划过去。她以这种微妙的方式教会了我：人生并不关乎我现在是谁或当下紧迫感，而是关乎我将成为谁，我将如何策划人生的下一阶段。我会抛开应用程序、平板电脑和计算机，通过把时间花在一个缺乏紧迫感的现实中，可以将自己投射到未来，不是作为一种复活或复兴过去的方式，而是利用当下和历史的鸿沟。我不再追逐失败的原因或已逝的过去。即便不拥有时间，我也可以每次重新书写和策划未来。

读者，也许同样如此。当你阅读这些（毫无疑问，现在非常古老）的叙述时，我在你的时间之中。我在此给予你机会阅读或指导我，发现本文中的空白或突破，并重新开始生活。现在，写作和策展都属于你。现实，尤其是本文的现实，不是一个需要被理解的事实，而是一个需要被生产的影响，而你我都被嵌入其中。

所以，当我今晚回家的时候，我会拿一张2010年的《共和报》或《卫报》。我会把它摊开在地板上，也许跳过天气预报（但你永远不知道），然后阅读那些告诉我我的生活将会如何改变的文章。为了窥见未来，我将对事件、思想和观点进行重组或策划，从而迫使现在和过去始终处于发展之中。而这并不能使我自己摆脱困境，就像现在一样。

1　我在另一篇文章中写道，我们开始接近现实的核心，不是当我们再现它时（或消解其再现），而是当我们将其视为一种可能性，而不是作为既定的，不可逆的事实时。参见 Alfredo Cramerotti, *Aesthetic Journalism: How to Inform without Informing* (Bristol: Intellect, 2009)。

扩展域

伊尔·罗格夫（Irit Rogoff）

我们在一个不断扩展的领域中工作。在这个领域中，对实践的所有定义、其支持和体制框架都发生了转移和模糊。但事实上，我们把这些定义的束缚抛诸脑后，参与了多种实践，并共享了多元知识基础，这一过程产生了多重含义。

一方面，重视超生产（hyper-production）的新自由主义工作模式的主导地位意味着需求不仅是生产工作，同时也是筹措资金的方法。建立维持工作的环境，发展论述的框架以开放讨论，不断地将之与其他工作或结构交织，以扩大其影响范围，使之产生更广泛的影响。在此语境下，扩展可被视为后福特主义企业精神的一种形式。

另一方面，不断扩展的艺术文化生产领域中所主导的跨学科性，要求进行相应的研究、调查和文献档案的建立，使我们从中能以更当代的方式阅读、探寻新的形式、自我构建、教育、组织和分享。最有趣的是，它要求我们接受的每个观点或概念，都必须承受来自其他知识系统和认知模式的压力，而不能安于现状，停留在自己所属的范式故步自封。因此，在这种语境下，不断扩展的领域是更广泛的当代知识基础与实践之一。

在上述两种情况之中，似乎每一种都在强调"更多"，但是为了适应这种不兼容的二元性，我需要仔细审视一下这个领域的学术现状，从之前的想法中思考可能或不可能开拓、扩展的方向。

那究竟指的是什么？（What on earth do they mean?）

有时，在我们共同参与的讨论中，偶尔会听到某人提及"艺术"一词，此时我们心中不免疑惑：那究竟指的是什么？

▶ 它们是否指的是"收藏品"（collectibles）、"陈列品"（displayables）和"编目品"（catalogueables）——可被认知的对象和实体，通过收藏展示分类的逻辑，使其完全符合机构、基金会或私人组织的经济模式？

▶ 或者它们是指在社区或在地工作的"艺术家"，试图通过媒介将再现实践的简单政治复杂化——通过将错综复杂、纷乱矛盾的阶层和表现作为一个地方、群体或事件的累积影响，从而使其变得复杂？

▶ 或者它们是指一种新的研究模式的运作，具有创造性的实践者通过这种模式进入档案知识领域，通过引入既非主流亦非边缘的其他主体或事件，来挑战档案存在之理由（raison d'être）——种族灭绝档案中的无辜物种（非人类），重写监护职责叙事的难民帐篷设计，鸟瞰图作为多个世纪的空中监督治理的混合体——以非象征性和非再现性的方式引导文化进入知识生产过程之中。

▶ 或者是指这样一个群体——他们创建偷渡移民组织，或者时间银行，亦或基因工程，甚或基因改造后的突变存储库？再或者，他们伪装成跨国公司的代表，为灾难受害者提供收容所？他们模仿社会结构和规则，由于他们敢于进入支持和救援领域，故而产生了一种批判性的姿态。

▶ 或者是指另外一个群体——他们通常都相当年轻，挤在一个地下室中阅读一些污迹斑斑的影印本，坚持要理解一些紧迫的议题，掌握一套未明确的工具来应对这个世界，并使他们的参与成为一种述行行为的展现？

上述种种构成了我在过去 10 年间所经历体验的"艺术世界"。在策展、收藏、评论或批判评估的方面，导致最终目的或从最终目的中产生的轨迹已经开启了非结论性的过程，其结果可能是学习、研究、讨论、集会，或是将全新视角代入专业知识领域。这些目的离散的边界使其能够被不同的经济体或目的论所俘获，并已分裂成知识、影响、结构或行动的知识线索，这些线索强调自身与其他事物的关联。所谓"艺术"的"展现"（the manifest）的状态，具有提醒我们注意世界中正在浮现的存在的能力。

"艺术"世界充满多种实践，同时充斥着大量不协调但共存的规则。这就不可避免地导致了对一个词的混淆，并且对于该领域的众多利益相关者而言，具有着相互矛盾的含义。但我要表达的是，这远远超出了简单地解除各种形式或实践的固有意义，实际上这是正在经历的知识论危机（epistemological crisis）的一部分。

因此，这就是我观点的源起：我对于将扩展的艺术领域理解为一种多元亿，或是共存实践的泛滥，或之前被艺术实践定义为狭隘领域的扩大并不感兴趣。除了艺术之外，我还会指派一些术语："实践""观众""策展人""空间""展览""行为""介入""教育"，以及许多其他受此限制、失去定位的术语——一种历史确定的含义，已被推到边缘以扩展并包含更多种类的活动——但实际上从来不允许自己转化成完全不同的东西。在这里，我感兴趣的知识论危机不是将一种知识或定义换成另一种更合适或更相关的概念，而是当诸如思想或生产之类的实践被推向边缘极限时会出现的情况。是会瓦解还是扩张？能否物极必反，并在其中发展为另一组潜在意义？当斯特凡诺·哈尼（Stefano Harney）和弗雷德·莫顿（Fred Moten）为e-flux的教育特刊撰写了一篇关于债务研究的文章时，他们将"债务"这一备受诟病的概念置于不负责任的市场借贷引发的金融危机的核心，并将其引申出其他的含义。"但是债务是社会性的，债权是反社会性的。"他们写道，"债务是双向的，而债权是单向的。债务向四面八方延伸，四处逃逸，寻求庇护。债务人在其他债务人中寻求庇护，互相借贷。避难所就是你只能欠得更多的地方，因为没有债权人，所以没有偿付的可能。这个避难所，这个沉重的债务，就是我们所说的逃亡者。"[1]

这些都是知识论危机的标志，它脱离了先前的定义，拒绝了原本的含义，拒绝了道德的铭文，拒绝了"非黑即白"所带来的安稳。在数百万人因为债务资本化而遭受驱逐或财务破产的时候，声称债务是社会的又有什么意义？这意味着人们不再满足于在给定的定义中选择立场，而是必须把定义从内到外重新审视，使之再具意义。

---

[1] Fred Moten and Stefano Harney, 'Study and Debt', in *e-flux Journal* (2010). www.e-flux.com/journal/debt-and-study/. Accessed 30 August 2012.

繁复性的局限（The limits of multiplicity）

满足于繁复性的倡导不是更简单吗？繁复性被指涉多种事物共存而彼此互不干扰。多元文化主义就是代表这种和谐的典型例子！关于他们提及"艺术"到底指涉什么的困惑，以及这种知识论的迷失，都暗示着争议的产生。每种理解方式不仅基于既得利益——新自由主义艺术市场及其邪恶的孪生兄弟文化外交——而且出自了解世界及其实践的不同方式。然而，尽管分化的对抗性模式对于区分这种实践模式和维持实践的既得利益及其运作之间的最初时刻至关重要，但对我而言，它最终有助于加强霸权主义及其替代性行为之间的分歧。这种区分对于重新梳理该领域毫无帮助。

雅克·德里达（Jacques Derrida）在其著作《大学之眼》（*The Eyes of the University*）中分析讨论了20世纪80年代巴黎国际哲学学院（College International de Philosophie in Paris）的创立。在书中他曾提道："边界，无论宽窄，除了限制可能性外，别无他用。"[1]

因不想停留在"可能性的局限"这种匮乏的理解之中，我需要思考如何超越这种多元化模式，进而思考一种附加模式，其核心源自古老启蒙主义，认为文化机构是普世的并且可以无限扩展，延伸至包容所有被排除、被遗漏及被边缘化的历史。这种观念，在后奴隶主义、后殖民主义和"后共产主义"领域内得到更新。它坚持认为我们必须通过实行反向的包容和补偿来应对文化差异和文化排斥。当然，这种无限扩展模式的问题在于它并没有应许任何改变，而只是扩展和膨胀。

因此，知识论危机似乎是一块更肥沃的土壤，于此来思考新兴领域。从知识论危机的角度，我们不是思考利益的冲突，而是思考其中缺乏的知识。这将使我们提出一个假设命题——如果我们能够找到方法来认识"这一点"，很可能我们丧失了思考"那一点"的机会。因此，这是一个丧失或牺牲某种思维方式的问题，而不是积累扩展操作模式的问题。

对于策展（curating）和策展性（the curatorial）而言，知识论危机的概念至关重要，因为它们在很大程度上是建立在一系列惯例的基础上的，既没有多少过往的历史可供参考，也没有大量稳固的经验或理论知识作为依据。因此，仓促建立起一

---

1 Jacques Derrida, *Eyes of the University: Right to Philosophy 2*, trans. Jan Plug and others (Stanford: Stanford University Press, 2004), p.44.

套可供应用的知识体系，以使该领域更具权威性的诱惑可能是巨大的。虽然无论是文献档案、艺术主体还是方法论的缺失，都有利于灵活操作及创新，但围绕展览、阐释及具体化行为，人们持续需求一套完整的理论在作为支撑的同时，用以掩盖策展实践中的所有松散部分。

我们在"策展/知识"（Curatorial/Knowledge）课程中所做的工作探讨了这种知识论危机。我们不去界定哪些知识可以进入策展体系，而是坚持在这些知识之间建立一种全新的关系。这些新的关系不会像许多学术研究那般归结至一个论点，也不会像许多策展实践那样把某一现象归纳成视觉记录。因此，与其说"这是策展的历史，它将从此建立一个专业范畴"，不如尝试绘制知识应用于策展领域的动向，以及它们挑战界定策展领域本身的惯例和形式：收藏、保存、展示、视觉化、话语、语境化、批评、宣传、景观化等。如果策展可以作为知识场域，用以排演自身的危机，那么它有可能对其他知识领域做出贡献，而不只是演绎再现的功能。

回到开始的那个问题："当某人提及艺术一词时，那到底指的是什么？"上述的知识论危机，使我们不必在既有的定义之间做出选择，而是将策展性看作观点或识见形成和发展的舞台。观点处于一个形成的过程之中，这个过程反映不同脉络的需求，但这与学术或行动主义语境之中所承受的要求不同，它并不急于得出结论或采取行动，而是思辨（speculate）和布局新的关系。在某种程度上，这导致了一种理解，即不是策展性需要理论、哲学或历史的支持，而是这些知识领域可以极大地受益于策展性擅长的统筹组合方式。策展性试图为知识事件（event of knowledge）揭幕，而不是举例说明那些知识。

当代性作为基础结构（Contemporaneity as infrastructure）

在伦敦大学金史密斯学院视觉文化系，我们经常说我们研究的是当代性，而非一个特定的历史阶段。我们认为，当代性是一系列关系密切的迫切议题，并且我们能够在工作中对其进行探讨。这种对当代性的理解对策展性也同样重要，因为它要求策展性找到从概念上进入这些当代紧急状态的方法，而不是置身事外地对其进行评论，将其视为"主题"：近年来，关于恐怖主义或全球化的展览层出不穷，这就是一个很好的例证。当代性不仅是关于参与当下的迫切议题，更重要的是，这是我们自行解决这些问题的时刻，也是我们进入当下的过程。

最后，我想提出一个试探性的且尚未进行充分而深入研究的论点，即不断扩展的领域与基础设施之间的关系，以及这种关系对于理解当代性的重要之处。

当奥奎·恩威佐（Okwui Enwezor）策划第11届卡塞尔文献展（Documenta 11）时，为了避免不断出现的关于哪些艺术家将被列入展览的乏味问题，他一次又一次地重复道：文献展选择哪些艺术家或作品并不重要，重要的是我们将从哪些文献档案中选出它们。奥奎·恩威佐一直在努力将文献档案及阅读文献的策略置于重要之处。对我来说，这是当代性的一个重要原则。

当我们在西方国家或在工业技术发达的国家为自己拥有基础设施而庆幸时——运转正常的机构、分类系统、文献档案及与此相关的传统和专业培训、供资途径和教育途径、卓越标准、公正审核，以及配备空调和良好音效的礼堂——我们忘记了这些基础设施已经在很大程度上变成了约束和限制我们的惯例，我们需要考虑保留或是抵制它们。

根据米歇尔·法赫（Michel Feher）的理论，思考非政府组织（NGO）作为反政府组织模式的影响，这种从消费者到利益相关者的转变极大地改变了我们对基础设施的理解——从用来支持已经达成一致的正常运作的结构，到承认越来越多的人对其所做的贡献或从中受到的利益。[1]在艺术领域中，大部分以行动主义为导向的作品都采取了重新利用基础设施的形式，利用空间、技术、预算、工作人员及观众群体进行一些截然不同的事情：不再重现问题，而是重新架构问题。

我们认为基础设施具有推动作用，它提供了一种有利的环境，通过这种环境我们可以纠正世界上的错误，在无休止战争的后奴隶主义、后殖民主义世界中重新调整权力平衡。当纽约现代艺术博物馆（MoMA）举办关于当代阿拉伯艺术的展览时，人们都有这样一种感觉：把长期以来一直被忽略的阿拉伯当代艺术纳入MoMA这一典型的基础结构中，备受质疑与争议的同时，也肯定了其重要的里程碑式的地位。

因此，如果我们牢记阿基里·姆贝姆比（Achille Mbembe）的问题："是不是站在世界的边缘才能谈论世界？"[2]我们或许会反思基础设施的缺失创造了什

1　Michel Feher, (ed.), 'Introduction' to *Non Governmental Politics* (New York: Zone and MIT, 2007).

2　Achille Mbembe, 'At the Edge of the World: Boundaries, Territoriality, and Sovereignty in Africa', in *Public Culture 12, No. 1* (Winter 2000): pp.259—284.

么可能性，重新思考平台和惯例的概念，注重个人创造力的提升，推动从再现（representation）到调查（investigation）的转变。

考虑到集体与基础设施之间的联系，显然有必要在给定时刻动员尽可能多的资源和专长。不仅是为了应对当下的紧迫性，而且还需要探寻新的方法、章法和平台，使这种参与在利益攸关方的各阶层之间显现出来。西方的去中心化不仅是对后奴隶主义、后殖民主义世界中权力关系的纠正，也是在基础结构尚未出现之前，重新思考资源和实现之间关系的契机。

为了理解某一特定条件的潜力，我们不对其进行神话化或浪漫化的赞美，而是从中提炼出一套经过修正的关系——从艺术事件"图库曼在燃烧"（Tucuman Arde）到艺术组合集体情境（Collectivo Situationes），从"怎么办？"（Chto Delat）到瑞克斯媒体小组（Raqs Media Collective）再到卡里塔（Kharita），从公共运动到公立学校，从空间计划（Oda Projesi）到未知城市（X-Urban）——这些转变已经并且正在我们周围发生。虽然我不主张它们作为复制的模型，但我认为它们是我们需要阅读的文献档案，并从阅读之中理解我们自己的活动。

对我而言，我可以诚实地说，被告诫可能性的局限与在贫乏的基础设施中工作殊无二致——正如德里达所说，这无非是遏制手段。因此，在不断扩展的艺术领域中，集体主义、基础设施和当代性之间的必要联系或许不是抵抗参与的表现，而是一种能力，能够发现不同的出发点、替代性档案、流通方式及其他想象。而策展性有能力将这些整合在一起，在不同的模式中进行工作，获取知识、情感和识见，并将它们融入到我们当代的实证之中。

亲爱的艺术，谨启

纳塔莎·伊里奇（Natasa Ilić）

姆拉登·斯蒂林诺维奇（Mladen Stilinović），这个从20世纪70年代开始，便经常以语言及其背后的意识形态内容为题材进行创作的艺术家，于1999年给艺术写了一封信。"亲爱的艺术，"他写道，"我给你写这封情书，是想让你振作起来，并希望你有时间的时候来看看我。"[1]

他的信是其创作方法的一个典型例子。这种方法易操作、成本低，基于现有的材料和日常之物。他对艺术的态度使其在过去30多年中不断探讨与艺术自主性（artistic autonomy）有关的问题，以及如何在艺术作品的生产和再现方面独立于体制。

作为当时被称作"新艺术实践"（New Art Practice）群体中的一员，斯蒂林诺维奇开始了他的艺术实践。这一代艺术家在20世纪60年代末至70年代的南斯拉夫艺术舞台上，通过质疑艺术的"自主性"和"原创性"及对媒介的战略性使用创造了新的自我组织模式，将艺术生产从机构的限制中剥离，从而达到触及新受众的目的。

20世纪70年代，他成为"六人艺术家小组"（Group of Six Artists）的成员，与鲍里斯·德穆尔（Boris Demur）、弗拉多·马尔泰克（Vlado Martek）、斯文·斯蒂林诺维奇（Sven Stilinović）、泽利科·耶尔曼（Željko Jerman）和费多尔·乌切米

---

[1] Mladen Stilinović, 'Dear Art', in *Worthless (Invaluable): The Concept of Value in Contemporary Art* (Ljubljana: Editions Museum of Modern Art, 2000).

洛维奇（Fedor Vučemilović）一起进行艺术创作。这群艺术家探讨了概念艺术如何实现更自主的生产和流通模式。这成为他们在公共空间中呈现所谓"展览式行为"（exhibitions-actions）的契机，即在街头、公园、河岸等地展出合作项目。

20世纪80年代，斯蒂林诺维奇在萨格勒布（Zagreb）经营一个由艺术家运营但由城市所有的、极为重要的扩展媒介画廊（Gallery of Extended Media）。他与画廊的合作在一个极具象征意义的时刻结束了——当时画廊被准军事部队占领，许多艺术家们认为这意味着战争的开始。

90年代初，他开始定期在自己的公寓里举办展览。就像他之前的画廊项目一样，他的公寓展览包含了对官方艺术机构的隐性批判，并倚仗于维克多·米斯亚诺（Viktor Misiano）在俄罗斯Apt艺术运动中所提出的"友谊的体制化"（institutionalization of friendship）概念。这种方法意味着创造一个自觉地致力于重新定义特定艺术场景中的行为规则和权力关系的共同体。这种方法被应用到90年代的克罗地亚艺术现场，刻画出了一个漠视艺术生产的批判手法及其语境的场景。这在年轻一代艺术家心中留下了深刻印象。

尽管斯蒂林诺维奇持续在画廊和博物馆举办展览，但他始终保持着自己的批判立场。为了达到艺术中难以企及的纯洁性，他拒绝妥协，并始终对自己的共谋和参与保持清醒。正如他反复指出的，艺术家的角色是与艺术进行对抗。

他在1999年写给艺术的情书中提到，对抗艺术的想法并不是试图提出一个反艺术的乌托邦概念，也不是试图将艺术与生活合二为一，真正目的是不仅对摄影在当代艺术的生产、接受和分布中的地位提出一系列令人不安的、诗意的、神秘的、分外谦虚的观察及评论，而且还对艺术（往往只用金钱来诠释）的价值提出质疑，或者，正如他所说的："快速操纵，快速赚钱，快速遗忘。"

他的思想触及摄影，以及摄影是如何通过提供一种随时可以转化为可销售对象的路径来篡夺艺术的地位的（不提"纪录"一词，不然人们会不禁想到那些努力想要传达一丝真实感的黑白照片）。

他的观点是"自然而然地，与艺术相关的记忆便不存在了，就像摄影一样"。这并没有导致他对那些无法被摄影捕捉和保存的转瞬即逝的瞬间产生怀旧的渴望。他也并不渴望某种排他性，或者说是第一手直接经验，即所谓的真实性。他的观点实际上是赞同摄影用隐藏艺术的方式实现篡夺，使艺术免于被窥探，意识到这是一种逃避和转移到他处的可能性。正如他所说："我想你应该把摄影看作历史的幸事，虽然是当下的不幸。历史的幸事是不存在的，但文字却经常是美好的，不论其封面如何。何况，就算没有摄影，你也总是在某处。"

虽然他对摄影充满了希望，也刻意避开了任何道德主义的立场，但他对摄影的思考却把他引向了"另一个问题"，即艺术的价格。他写道："钱就是钱。艺术就是艺术。很多人对这种赘述喜闻乐见，他们享受这种瘫痪的状态。"

斯蒂林诺维奇与艺术的直接对话——他的情书——是在前南斯拉夫各国逐渐进入常态化时完成的。这个过程不仅是意识形态上的建构（强加了一种所谓的常态，在这种常态中，社会冲突得到了协调，战争的影响被一扫而光），而且也是一种真正的，对于非戏剧化的日常生活节奏，对过去10年动荡的更深入评价、重新建立的联系，以及希望重获更稳定的环境所带来的可能性转向。当斯蒂林诺维奇撰写这封信时，卢布尔雅那现代艺术博物馆被认为是唯一一个拥有国际艺术项目的机构，不仅可以展出其日益丰富的馆藏，还可以展示当地语境。因此，与前南斯拉夫共和国其他重要城市的那些机构相比，该博物馆被视为一个榜样。

然而，与此同时，常态化的进程也明显带有的黑暗色彩。这仅仅是一种委婉的说法，指的是沿着新自由主义模式的路线，经济、政治和文化转型的不可阻挡的步伐。10多年后，基金会作为该地区当代艺术生产最突出的物质系统，其灵活性和包容性引起了批判性的讨论。一连串新的当代艺术建筑在前南斯拉夫各地落成。

2009年，萨格勒布现代艺术博物馆的新址落成。2011年，卢布尔雅那现代艺术博物馆搬入新址以展示其馆藏。贝尔格莱德（Belgrad）现代艺术博物馆的新馆也在重建中。

现在，这些国家都开展了活跃的批判性艺术活动，但主要是在其成员的热情支持下进行的，这使得它们的未来备受质疑。人们越来越感到竭尽和疲劳，并越来越认识到，参与、知识共享、网络、管理和合作等概念，其目的是发挥人的潜力和废除形式上的分工，但实际上可能会变成生产中的剥削。

2011年，我应邀为卢布尔雅那现代艺术博物馆的新馆策划展览，我们——策展集体WHW（What, How and for Whom）——回顾了斯蒂林诺维奇写给艺术的信，希望他的幽默、严肃和谨慎的讽刺能为我们提供某种新方向。

也许是我们策展集体的"思想"枯竭了。"思想"这个词来源于西格弗里德·克拉考尔（Siegfried Kracauer）在《作为思想承载者的集体》（*The Group as a Bearer of Ideas*）中提出的构想。克拉考尔后来被称为文化研究之父，他的文章

第一章 送别 / 051

最初发表于德国魏玛共和国时期的《法兰克福汇报》(Allgemeine Zeitung)，20世纪60年代重印德文版，并在80年代翻译成英文版《大众装饰》(The Mass Ornament)，这本著作可以说是当下的适时读物。

克拉考尔在《作为思想承载者的集体》中写到，社会上有效的"思想"的形体存在是如何由构成群体的个体产生的。他仔细地解释了"源自那些真正承载思想的集体的生命和命运共同体"[1]。他的目的是要说明一个"思想"是如何将自己强加于群体，又是如何继而创造出个性的。

克拉考尔关于群体如何渗透到现实中并同时体验到现实的力量，以及现实的逻辑如何取代他所说的"思想的逻辑"(a logic of idea)的论述导致了一个相当悲观的诊断。按照他的说法，一个群体要么沉浸在"改革派和激进派的两翼"(reformist and radical wings)之间痛苦的冲突之中，要么设法把握住现实（从而确保了他们的地位和权力），但只有失去它，才能将他们原有的"思想"变成纯粹的装饰。正如他所言，在后一种情况下，集体的思想"变成了纯粹的装饰，为部分腐朽的内在装点了浮华的表面……思想对如今强大的集体进行了极端的报复"[2]。

随着我们愈加认识到自己的策展工作成为了我们所反对的常态化过程的媒介和症状，以及意识到批判正在通过艺术的自我指涉领域被体制化和生产，克拉考尔关于集体的持续时间和角色问题的讨论成为了我们的当务之急。显然，我们的立场并不像克拉考尔在其分析中所描绘的那样明确，我们所获得的权力也伴随着越来越多的不安和越来越多的"生产"压力，这种情况肯定不是克罗地亚独有的。

在另一篇《愿意等待的人》(Those Who Wait)中，克拉考尔提出，要避免知识分子在与社会的关系中陷入"非此即彼"的僵局，就必须采取等待的立场。正如他所说："也许唯一剩下的态度就只能是等待。一个人的耐心等待是一种犹豫的坦诚。"[3] 我们难以指责反对这句话的人，毕竟对于克拉考尔和他那一代人来说，这种等待的结果并不尽如人意。然而，从更积极的角度看，他所提出的等待也可以被视为一种战略性的行动，而不是简单的被动，要维持一定的开放性，以便在现有体系的边缘和艺术生产模式及批判性思维中进行测试。

从这层意义上说，卢布尔雅那现代艺术博物馆的邀请为我们提供了一个机会

1　Siegfried Kracauer, *The Mass Ornament* (Harvard: Harvard University Press, 1995), p.144.
2　Siegfried Kracauer, *The Mass Ornament* (Harvard: Harvard University Press, 1995), p.167.
3　Siegfried Kracauer, *The Mass Ornament* (Harvard: Harvard University Press, 1995), p.138.

（在近年来席卷欧洲的紧缩措施中，机构自身正努力进行大幅削减），来探讨斯蒂林诺维奇在他给艺术的情书中提出的问题。问题的关键不在于期望得到一个答案（无论答案是多么充满希冀和令人欣慰），而在于趁此机会休息一下，喘口气，从头再来。今天，我们期待从艺术中获得什么？它应许了什么？我们又能给予它什么回报？而当这个应许被打破、背叛或只是单纯地被耗尽时，又会发生什么？

如同前几次由WHW策划的展览一样，该展览于2012年年底举办，以姆拉登·斯蒂林诺维奇（Mladen Stilinović）的作品"亲爱的艺术"（Dear Art）为题，以此坚持对策展方式的不断重复。在持续不断的失败感所带来的幻灭感中（一般而言，对艺术和文化生产进行彻底重构的尝试，几乎总是会立刻变得景观化），依靠艺术"低效"的本质，"亲爱的艺术"展览试图提出大胆但必要的问题：为什么我们仍然需要艺术？是什么让当代艺术在社会中切实地变得当代？

该展览试图通过审视艺术自身对艺术实践的反思来回应这一问题。在写这篇文章的时候，对于展览最终以何种形式来呈现，我们仍然在众多（但受制于博物馆展览的框架）的选择中犹豫不决。无论如何，该展览试图承认展览制作的物质基础极其有限，并认同斯蒂林诺维奇"你（即艺术）藏起来并保持低调的时候到了"的评价。艺术很可能藏于艺术家、作家、策展人、活动家和理论家与我们慷慨分享的一系列难以实现（希望如此）的提案中。他们的作品，多年来，只要在版权的严格规则允许的情况下，就会依靠复制品和易复制的媒介来启发我们的实践。

这样想象的结果必然会导致我们对文本重新审视，而这个文本的标题很适合为仍然富于想象力的展览的描述画上句点（即使它们的真正实现是在每一步都经过精心、严密的计划之后，也永远不会停止想象）。这个文本就是罗莎琳·克劳斯（Rosalind Krauss）的《谨启》（Sincerely Yours），这是她对独体性、真实性、独特性和原创性等概念的开创性质疑。[1]

但也许这一次，《谨启》将不再着重于一些20世纪80年代的人们对于原作和复制的迷恋，而更多关注于简单地重示忠诚，肯定忍耐，忍受犹豫，享受矛盾，面对误解，茫然无措，使艺术重生。

---

1 《谨启》（Sincerely Yours）的出版是为了回应阿尔伯特·艾尔森（Albert Elsen）教授对罗莎琳·克劳斯（Rosalind Krauss）在《前卫雕塑的原创性》（The Originality of the Avant Garde）中，对罗丹雕塑作品的原创概念讨论的抨击。参见Rosalind Krauss, 'Sincerely Yours', in The Originality of the Avant Garde and Other Modernist Myths (Cambridge: MIT Press, 1983), pp.151—194。

第二章
人类行为学（Praxeologies）

策展人渡河：有生于无
斯特凡·诺沃特尼（Stefan Nowotny）

生成策展人
苏珊娜·米列夫斯卡（Suzana Milevska）

精疲力竭的策展
莱尔·维加拉（Leire Vergara）

厄洛斯、瘟疫、嗅觉：策展性的三个寓言
珍妮·道桑（Jenny Doussan）

人类个体……不会像无动机的原子或分子那样简单地"运动"。他们采取行动，也就是说，他们有目标，他们选择实现目标的手段，并根据对它们重视程度的高低决定其价值或结果等级。他们拥有自己认为能实现目标的技术知识。所有这些动作也必须在一定的时间和空间内发生。正是基于这种人类行为的基础和显而易见的公理，建立了人类行为经济学理论的整个结构。我们不知道，也可能永远不会确切地知道，解释所有电磁和引力现象的终极方程，但是我们确实知道人们为实现目标而行动。*

——穆瑞·罗斯巴德（Murray N. Rothbard）

Murray N. Rothbard, 'Praxeology as the Method of the Social Sciences', in *Phenomenology and the Social Sciences*, ed. Maurice Natanson (Evanston: Northwestern University Press, 1973), p.31.

策展人渡河：有生于无

斯特凡·诺沃特尼（Stefan Nowotny）

在20世纪的哲学中，拉丁文作家希吉努斯（Hyginus）的这则寓言引起了人们的广泛关注。库拉（Cura），一个寓言人物，其名字可译为"关怀"（Care）或"关切"（Concern）。有一次，她渡过一条河。在到达对岸时，她看到河岸上有一些黏土，于是将其塑造成一个人形。朱庇特（Jupiter）经过时，库拉要求他给她的工艺品赋予"灵魂"，让它活过来。朱庇特欣然应允，并要求用他的名字命名这个即将被赋予"灵魂"的生物，但这个要求遭到库拉的强烈反对。听到他们二人的争论，大地女神特勒斯（Tellus）出现，并坚持要用自己的名字为其命名，因为她把自己身体的一部分给了它。这个问题最终由萨图尔努斯（Saturn）作为法官来裁决。他下令，在它死亡时，朱庇特可以得到其灵魂，就像特勒斯应该取回部分身体一样——而库拉将在其存活的一生中拥有它。最终，它被命名为"homo"（人），因为它是由"humus"（泥土或土壤）构成的。

关于这个寓言的哲学讨论的出发点显然是马丁·海德格尔（Martin Heidegger）在《存在与时间》（*Being and Time*）中提到的。他把（人的）存在（"此在" [Dasein]，"存在于世界" [Being-in the-world]）展开为"关怀"（care）的结构性整体，而不是以主权、自主和构成性的"主体"（subject）为基础。然而，我想在这里拾起汉斯·布鲁门伯格（Hans Blumenberg）[1]观察中的一条线索。布鲁门伯格在重读希吉努斯的寓言时，机敏地指出，没有任何迹象说明为什么库拉必须先过河才

---

1 Hans Blumenberg, *Die Sorge geht über den Fluss* (Frankfurt on the Main: Suhrkamp, 1987).

能塑造她的生物，而且她多半在过河前就能在河畔上找到黏土。这属实有点稀奇。不仅因为它可能会激发我们对库拉渡河行为本身的好奇心（而不是在渡河之后发生的事情），而且还因为它可能会告诉我们希吉努斯为何决定省略了对那次渡河的重要性的解释。这则寓言还说，库拉的名字暗示着她可能是"好奇"的，更因为我们被告知，库拉这个存在成为另一个求知欲相当强的生物的创造者和"拥有者"，一个叫作"homo"的凡人。

考虑到遗漏和遗漏的缘由都需要加以阐述，布鲁门伯格对这个谜团的解读不可避免地具有双重意义。一方面，他解释道，库拉渡河的意义是基于一个早期的诺斯底神话（Gnostic myth）。与古希腊对于创造的概念相反，自我镜像的时刻必然存在于创造行为本身之中。根据这个神话，库拉首先要看到自己的形象倒映在水面上，并与此同时察觉到河畔的黏土，只有这样，她才能被驱使着去拿起河畔的黏土，以此塑造一个"以她自己为形象"的生物。另一方面，当谈到解释这则寓言在这一关键点上的默不作声时，布鲁门伯格首先推测，这种避而不谈的原因可能是希吉努斯认为，对于一个关于关怀和关切的寓言来说，它不再适合于以一种也可能被理解为仅仅是虚荣或"自恋"（narcissism）的行为来描述。在这一点上，布鲁门伯格甚至提出，库拉将不得不被想象为"以悲伤为特征"而非美丽。在此论点基础上，他很快就提出了第二种可能的解释：希吉努斯希望他的"地位卑微的女英雄"库拉取代巨人普罗米修斯（Prometheus）的地位；然而，由于库拉的创造能力依赖于模型或预设，因此与后者不受限制地使用泥土塑造人类的方式相比，她的创造能力相对低微。正是如此，寓言的作者才宁愿对这种依赖性保持沉默，因为这也暗指人类的"低微"起源。

我在此不再详尽讨论这些，尽管一整套的评估可能会引起批判性的关注。然而，从更广泛的层面上看，布鲁门伯格解读中的一个有趣元素恰恰强调了库拉的相对低微。比如她在面对其希腊先驱们时的双重自卑感；强大的、尽管有些自我放纵的半神普罗米修斯和美丽的、尽管有些自我陶醉的半神纳西索斯（Narcissus）。事实上，希吉努斯寓言的主线讲述了一个"卑微"（lowliness）的故事。尽管——或者说是被它所描述的神的遭遇所凸显：即使是构成"homo"的大地，也不再可能出现并宣示其强大所有权的远古陆地，而只是一块世俗的、无言的泥土、腐殖质。这让人立刻联想到库拉所创造的生物的偶然性和短暂性。

但是，还有一些其他的东西是值得关注的。我想用一些问题的形式来提出：与其把希吉努斯对库拉渡河的重要性保持沉默说成是把再现作者所忽略的东西的任务强加于我们，是否可以说是作者发明了一个不再符合现有想象的人物，且更是邀请我们运用自己的想象力，以便以某种方式重新叙述库拉的故事，尤其是那些无从解释的部分？如果我们利用这种沉默以脱离寓言，更甚之是我们自己，从"崇高"的创造或"崇高"的起源和自我镜像的暗示性和持久的制度中脱离出来（这本身就给库拉和她的后代投下了"低微"的阴影，并使他们一下子陷入了一个矛盾的，甚至是恶性的表象和创造的循环中），我们会怎样呢？如果我们试图将我们对库拉寓言的理解从无节制的自我放纵和阴郁的自我陶醉的语法中解脱出来，从而摆脱"关怀"的存在必然导致"能力低下"或"以悲伤为特征"，而不是强大和美丽，又会怎样呢？如果这个寓言适用于一些库拉的后代，特别是那些可能并不因库拉的"自身形象"而存在，但却更能使人们想起其名字的人——"策展人"，又会怎样呢？

* * *

第一批"策展人"似乎是在公元 100 年左右以"公共事务馆长"（curatores rei publicae）的名义出现的，大约是在希吉努斯写下他的寓言之后的一个世纪。这些"公共事务馆长"（curators of public affairs）实际上是罗马帝国政府的代表，其主要任务是维持公共秩序和管理城市的财政。这个名号在非洲各省等比较"偏远"的地方尤其适用。因此，这些首批"策展人"有着明确的职责，尽管他们的职责是为"公众"和"共同财富"着想，但他们仍然是政府权力的流动代理人，即使在最偏远的地方也要维护其权力。

相比之下，在很长一段时间里，现代"策展人"，尤其是其活动与博物馆等场所有关的策展人的职责显然仅限于一个更为局限的关注点：根据其对"人类知识"的意义或证明人类创造能力的特殊性，对被认为具有某种特殊价值或具有某种特殊意义的艺术作品或物进行照看和维护。虽然这种狭义上的职责似乎是一种很好的界定，但仍然呈现出一个模糊的领域，展现出它的复杂性、艰难性和共谋性。首先，我们不可能将监督有价值的、重要的物或艺术作品的任务与专门制定的估价和符号化的程序分开，因而也就不可能将其与特定对象类型的历史生产及为其背书的特定主体性的历史生产分开。其次，这些程序不仅与更广泛的经济政治权力和统治关系密切相关，而且还与新的知识领域（从比较人类学到现代美学）和占有与分配、展示与沉思等新的实践密切相关。最后，在此几乎无须强调的是，策展人对物的"关怀"（caring）——就其本身而言，它不仅涉及某些物的保存，而且也涉及对这些物合理化的收藏——在数量庞杂的案例中，由于残酷的掠夺和抽象行为而使自己成为轻率粗略的同谋。

那么，我们是否既要把"策展人"看作希吉努斯笔下库拉的后裔，也要把他们看作是库拉的现代显现？跨越无数河流，甚至海洋（尽管不一定是亲身经历，因为现代需要加强劳动分工），从他们所能找到的东西中创造出具有"homo"这个名字的人（尽管材料不再是黏土，创作也不再像库拉那样是概念性的，而是借鉴了既存的"homo"的多重形象和人类想象的创造力）。但也许仍然依赖于一种自我镜像的时刻或动力，而这种自我镜像最好脱离于叙述，因为它可能会见证"策展性"能力的局限性，也可能见证了其中自我放纵和自我陶醉的行迹？

"有些事不太对劲"，布鲁门伯格在沉思希吉努斯寓言的发展历程时写道。而这一评价似乎也可以适用于库拉的后人和化身。但是，到底是什么地方出了问题呢？难道这只是一种未命名的，也可能是难以言表的"自恋的关怀"（布鲁门伯格），一种出于某种原因必须与故事脱离关系，或者至少通过迷人的叙事加以伪装的孤芳自赏？或者有迹象表明，在库拉的（历史）故事中（关怀、关切、策展人……），在她所穿越的河流上，应该有其他的事情发生：不同于对于河中倒影难以捉摸但又可能是决定性的一瞥，然后被当作用来"创造"的模型？

如果不是因为最近"策展人"的突出地位似乎与一系列关于库拉的故事和策展人历史中的各个组成部分的调查和问询密切相关，同时表现出了一种从这些组成部分所建立的框架中挣脱出来以呈现新的关怀和关注的愿望的说法，我不会将第二个建议当作一种实际的可能性。我不会探讨重构关于概念是怎样产生的各种尝试，也不会讨论任何"例子"，同时，我也充分意识到，一次又一次地重演和重述"关怀的自恋"有多种方式。然而，这些调查和问询的难能可贵之处在于，它们中止了库拉的渡河之旅，而不是仅仅促成其结果的新变化；同时，再次对为什么要进行这样的调查和问询保持沉默。仿佛库拉从河的一边到另一边的运动在河中间停顿了下来：但只是被卷入另一种运动，拆解了最初运动的组成部分，使之变得可被调查，可被问询，可被质疑，可被辨认，可被批判，但也可能是新的可被误解，可被重新组合，甚至可被重新创造。

这可能是一种共享经验，即中止一个人从事的活动，可能涉及严重的、难以补偿的、脱离迄今为止一整套的动机和目的，脱离与该活动紧密结合的价值和意义。因此，我们可以想象，从库拉的旅程中断之中所开辟的不是一套简单的新方向、新想象，而是对脱离的对象和潜在可能性的新探索领域：形象性用途和争议状态，实际和实地的物质性，创造性及其被赋予或绝对化的方式，偶然性和动态性，"崇高"和"低微"的秩序及其视域化，人、非人和"humus"的（具有再现性和消逝性）结构，关于命名的起源和属性的争论，以及那些身处其中、殷殷关切、宣示主张的脆弱共性等。

一个新的知识领域？如果我们回顾一下，知识的形成可能也必须从其自恋的影响中解脱出来，那就更像是一种新的认识论。毕竟，布鲁门伯格提出的诺斯底神话被牵连到希吉努斯的寓言之中，这首先适用于"sophia"（智慧）。一个新的实践领域？与其说是一种新的实践学，甚至是一种伦理学，鉴于它并不是单纯地弥补以前的契约，也不是简单地通过较新的或更"当代"的契约来取代旧的活动，倒不如说是关于契约条件和新时间性的"不合时宜"的开放。

* * *

最后，让我把另一重形象叠加到库拉渡河的故事上。这个形象不仅唤起了后来的"历史"概念（或想象），而且还对其做出了批判性的回应。这另一重形象提醒我们，河流上的运动并不完全由穿越河流的人决定。但它也提醒我们一个事实——不足以用一个线性运动补充另一个线性运动，原原本本，重复交叠。我从瓦尔特·本雅明（Walter Benjamin）的一个"思想形象"（thought figures）中借用了这样的概念："……不能在发展过程的河床中找寻历史。相反地，……河床的意象被旋涡的意象取代。在这样的旋涡中，所有历史关系之前或之外的事件——或者说是状态的前因和后果——都将围绕它旋转。"[1]

我们不知道库拉在渡河时是否有船舶或木筏，是否需要涉水或游泳；我们也不知道河水多深，水流多急；我们也不知道当时的河水是否充满旋涡；我们甚至不知道库拉是否是独自旅行，还是像她的名字所暗示的那样，与其他未被提及的人一起

---

[1] Walter Benjamin, 'Diary from August 7, 1931, to the Day of My Death', in *Selected Writings*, Vol. 2, Part 2, 1931—1934, ed. Michael W. Jennings, Howard Eiland and Gary Smith, trans. Rodney Livingstone and others (London: Belknap Press, 2005), pp.501—506.

旅行。这一切的一切，仍然是我们好奇心的一部分：那些被库拉"支配"一生的人，无论他们是否被认为是策展人，都有一颗谨慎的好奇心。为什么不把这种与好奇心相联的关注点称为策展性呢？

生成策展人

苏珊娜·米列夫斯卡（Suzana Milevska）

关于何时及如何"生成策展人"（becoming-curator），这个问题已经困扰我多时了。[1] 然而，必须强调的一点是，这个问题与引导个人选择策展作为职业的决定没有直接关联，至少在本文的论证中没有提及。换句话说，探讨"生成策展人"与询问一个人是如何决定成为策展人，或调查使其做出此决定的原因毫无关联，虽然这些问题对策展职业生涯的概念化和发展也非常重要。但在本文中，我只关注"生成策展人"这一事件，正如吉尔·德勒兹（Gilles Deleuze）对"生成"（becoming）的理解。

根据德勒兹的说法，我指的是两种运动，它们始终是实现这种"生成"的必要条件。[2] 他首先规定，必须与多数群体（生成男性"becoming-man"）隔绝开来，当"生成策展人"作为一种潜在可能性出现时，我解释了这一运动。然后，根据德勒兹的观点，还必须与少数群体进行一定程度的隔绝，即当策展人被认定为策展人时，通过策展行为将他或她描述为"策展人"。这两个条件是由策展人、艺术家和观众之间盘根错节的关系和知识交流来预先确定的。这并没有给策展人一个最终必要的职位。为了使策展人在整个链条中的每个行为都得到认可，他或她必须参与

1　例如，2007年9月26日至30日期间，我在斯科普里策划的研究教育项目"策展转译"（Curatorial Translation）。在该项目框架内实现的一些研讨会专门讨论了"生成策展人"的真实与真理问题。参见 Suzana Milevska and Biljana Tanurovska-Kjulavkovski, eds, *Curatorial Translation* (Skopje: Euro-Balkan Press,1998) and the *Curatorial Translation* Blog: http://curatorialtranslation.blogspot.com/2007/08/curator-astranslator-of-theory-into.html。

2　Gilles Deleuze and Felix Guattari, *A Thousand Plateaus: Capitalism and Schizophrenia*, trans. Brian Massumi (Minneapolis: University of Minnesota Press, 1987), p.291.

"生成"（从多数 / 少数群体中隔绝出来）。

生成策展性主体的事件（The event of becoming a curatorial subject）

这种复杂的社会和语言的主体建构过程产生的持续结果是一种特定的策展性"语法"的涌现——从而区分"谁在说话"（变得无关紧要）和"说话本身"。克莱尔·科莱布鲁克（Claire Colebrook）通过区别"存在语法"（grammar of Being）和"生成语法"（grammar of becoming）来解释这个过程。

> 主体的概念本身是与存在和本质的策略联系在一起的，而不是生成。这是因为主体不仅是政治范畴或再现，而且是语法运动。……因此，主体的概念和逻辑本身要求或激发一种思想运动、一种特定的时间性，并最终形成一种反动主义、认知和存在（而不是生成）的策略。[1]

因此，"生成策展人"意味着一种语法运动。然而很明显，这一运动（及由此产生的主体性）不能仅被视为一种多数至上式的运动（majoritarian-type move）。多数主义（majoritarianism）受到德勒兹和伽塔利所称的"生成少数"（becoming-minoritarian）的影响，而"生成少数"的可能性形成了多数主义。文化以生命权力（bio-power）的形式对正常的主体性施加了诸多限制，这些限制干扰了这种"生成"。

因此，"生成"是关于协商主体的话语结构。但是，帕特里希娅·麦考马克（Patricia MacCormack）提醒我们不要忘记，话语永远是物质的或有形的。

> 话语是有形的，因为我们是承载话语的肉身。话语通过外在的文化以及自我调节或内在认同构建我们。……为了使真正的生成变为可能，我们现在必须认识到我们身体的潜能。[2]

1　Claire Colebrook, 'A Grammar of Becoming: Strategy, Subjectivism, and Style', in *Becomings: Explorations in Time, Memory, and Futures*, ed. Elizabeth Grosz (Ithaca: Cornell University Press, 1999), pp.117—118.

2　Patricia MacCormack, 'Perversion: Transgressive Sexuality and Becoming-Monster', in *Thirdspace* 3, No. 2 (March 2004). www.thirdspace.ca/journal/article/view/maccormack. Accessed 5 March 2012.

身体与话语之间的关系确实是通过文化建立起来的,但是生成的潜能是基于"存在"和"生成"主体之间更为复杂的关系。其中,"生成"作为一种主体性的去稳定化和去辖域化介入。

生成是一种渴望改变对物质自身的思考。生成去辖域化的主体性,策动而不是具体化我们思考自身的方式。我们熟悉的主体性领域与性领域产生共鸣,但更重要的是与我们如何思考自身的主体性产生共鸣。[1]

克莱尔·科莱布鲁在被理解为固定"存在"与"生成"的主体性之间做出了明确区分。她呼吁的不是主体的从属策略,而是一种持续的"生成策略"(strategy of becoming)。[2] 她认为,"自我……不是本质,而是事件"[3]。因此,她显然反对将主体概念化为一劳永逸的固定和预设之物。她提到德勒兹及其生成的观念。

在可以追溯到某种源头或基点之前,存在着繁复且同步的层化和结构化,它们不是位于单点,而是通过连接和关联的过程创建可能的点。[4]

因此,从德勒兹的意义上来说,生成不是一个通过线性时间发生的过程,也不是辩证地克服某些障碍或矛盾的结果,而更多的是"生成"之流中的产物。[5] 生成主体(becoming-subject)不是要(重新)创造新事物,而是拥抱共存和表现差异,但不会用语言将其覆写。生成主体强调的是言说本身。[6]

因此,"生成策展人"只能通过这种去稳定化,不同语言和概念的共存,以及与事件相关的方式来思考,即与策展项目或阐释有关。在这种情况下,策展主体性作为多种非等级差异和思想路径的根茎共存而涌现。"生成策展人"的发生并非基于策展教育或成为策展人的职业决定,不管这两个起始因素有多重要。

---

1 MacCormack, *Thirdspace*.
2 Colebrook, 'A Grammar of Becoming', p.118.
3 Colebrook, 'A Grammar of Becoming', p.132.
4 Colebrook, 'A Grammar of Becoming', p.132.
5 Gilles Deleuze, *The Logic of Sense*, trans. Mark Lester (London: Continuum, 2004), p.170.
6 Gilles Deleuze, *The Logic of Sense*, trans. Mark Lester (London: Continuum, 2004), p.89.

真知（Truth-Knowledge）

> 每个根茎都包含着节段性的线，并沿着这些线而被层化、解辖域化、组织化、被赋予意义和属性等。然而，它同样还包含着解域之线，并沿着这些线不断逃逸。每当节段线爆裂为一条逃逸线之时，在根茎之中就出现断裂，但逃逸线构成了根茎的一部分。[1]

每当我引用这篇关于根茎的开创性段落时，我都会想到在每一个项目中，策展人、艺术家和观者之间不受地域限制但又处于特定位置的知识交流。但是如何才能确定这样一个事件的真实性呢？"生成策展人"事件的真实性确实很难解决。例如，哪些事件符合条件，哪些不符合条件呢？哪些陈述是"恰当的言语行为"，哪些不是呢？[2]

如果我们使用"真实界"（the real）的概念来指定存在但无法象征的，只能通过真理程式（truth-procedures）来追溯思考的现实，那么"生成策展人"的真相是什么呢？虽然需要"真理程式"来访问"真实界"，但这个"真实界"常常是产生真理可能性的外部障碍。那么策展项目是否可以声称其产生了知识和真理？策展人是否意识到他们一直在为越来越多的认识论建构主义真理概念做出贡献？[3] 同时，与普世知识的积累和生产及其影响的相对化有关的问题也被提出。

建构主义认识论是研究知识与真理问题的一种非传统方法。它的出发点是假定知识无论如何定义，都存在于人的头脑中，最终思维主体只能根据自己的经验来建构自己所知道的。哲学家恩斯特·冯·格拉瑟斯菲尔德（Ernst Von Glasersfeld）是这种非传统方法的倡导者之一。他将自己的观点称为"后知识论"（post-epistemological）。因为与传统的认识论不同，他的著作在知识和外部世界之间提出了一种不同的关系。[4] 根据他的说法：

---

1 Deleuze and Guattari, *A Thousand Plateaus*, p.9.
2 J. L. Austin, *How to Do Things with Words* (Cambridge: Harvard University Press, 1975), pp.133—147.
3 Ernst von Glasersfeld, 'Questions and Answers about Radical Constructivism', in *The Practice of Constructivism in Science Education*, ed. K. Tobin (Hillsdale: Lawrence Erlbaum Associates, 1993), p.24.
4 Von Glasersfeld, 'Questions and Answers', p.24.

▶ 知识不是被动地通过感官或交流方式接受的，而是由认知的主体主动地建立起来的。

▶ 认知的功能是适应性的，服务于主体对经验世界的组织，而不是对客观本体论现实的发现。[1]

因此，"生成策展人"的真理仍然依赖于主体主动地构建她/他的认知主体。换句话说，策展性的认知主体（策展性知识）不是一个固定的客体，而是由个人通过她/他自己（对该客体）的经验构建的。

三个路径（Three moves）

那么该如何看待这种情况呢？我在此给出3个例子。

策展"事件"的转化表现存在于两个不同的知识终端之间：认识性（the epistemological）和批判性（the critical）。例如，档案被认为是储存真理之地，但却可能"空"得令人失望。这就证实了一句古老的哲学格言，即真理总在别处。然而，策展档案、研究项目和文本不同于其他建构主义科学的认识论方法，因为，其一，与社会科学和人文科学相比，它们遵循的是另一种方法论；其二，因为它们依赖于特定艺术和历史知识生产，以及对这些新的知识生产的批判性使用。[2]

"批判性策展"（critical curating）的概念产生于20世纪90年代末，是为了将以研究、知识生产和批判理论为目标的策展项目与当时主导策展的管理与推广模式区别开来。[3] 为了应对与当代艺术、文化和政治相关的各种紧迫议题，"批判性策展"侧重于一系列深刻的批判性和理论性的探寻，这些询问挑战并语境化了传统的当代艺术策展。当下提倡"批判性策展"的策展人，在致力拓展策展领域并反思其哲学性、批判性和社会性意义的同时，不再将展览视为其策展实践的最终形式。策展人

---

[1] Ernst von Glasersfeld, 'The Reluctance to Change a Way of Thinking', in *The Irish Journal of Psychology* 9, No. 1 (1988): p.88.

[2] Milevska and Tanurovska-Kjulavkovski, Curatorial Translation and Suzana Milevska, 'Cultural Translation and Agency', in *Cultural Policy: New Paradigms, New Models — Culture in the EU External Relations* (Ljubljana: Peace Institute, Slovenian Academy of Arts and Sciences, 2008), pp.21—28.

[3] Steven Rand and Heather Kouris, eds, *Cautionary Tales: Critical Curating* (New York: Apexart, 2007).

注重将自己的研究过程及会议、研讨会、访谈、深度阅读工作坊、放映、公开辩论和其他事件提供的理论和批评形式显现。"批判性策展"本质上与机构批判、艺术介入社会、策展知识及策展能动性（curatorial agency）等内容密切相关。[1] 与"批评性策展"相关联的是"策展能动性"——这一概念得益于近期在当代艺术、文化和社会语境中，对策展人职责进行的批判性反思。根据阿尔弗雷德·盖尔（Alfred Gell）提出的"艺术作为一种能动性"（art as agency）的概念，艺术不仅具有被动地再现世界的力量，而且具有主动地采取行动的能力。"策展能动性"也以同样的方式假定策展人不再被认为是展览的"作者"，或者作为既存艺术概念和作品的再现者。更确切地说，策展人被认为是一个活跃的社会能动者，有助于在不同的艺术、文化、种族、阶级、性别和性领域，以及作品之间对艺术进行互相参照地理解。此外，策展人还对全面改善社会起到了一定的推动作用。[2]

"策展能动性"已经成为一个主要的文化政策概念，并且能够解决转译后殖民批评和理论范围以外的鲜为人知的艺术和文化传统的迫切需求。因此，它呼吁弥合不同概念化艺术实践之间的鸿沟和不可言说的差异，以强烈反对盲目将自己强加于"次文化"（subaltern cultures）的霸权策展模式。"策展能动性"将其学术和理论能力赋予策展知识生产、艺术介入社会，以及策展人、艺术家和行动者之间合作。

结论（Conclusion）

作为结论，我想强调"生成策展人"作为质疑策展和艺术界权力结构的一种方式。"生成策展人"实际上是一种新的体制批判形式，不是将主体性与体制对立起来，而是将主体性的建构与体制的建构交织在一起，特别是当它聚焦于"策展转译""批判性策展"和"策展能动性"时。

通过这种方式，正如文章开头所暗示的，"成为策展人"（becoming a curator）与"生成策展人"（becoming-curator）毫无关联。前者是一个务实的决定，不仅仅

---

[1] Dorothee Richter and Rein Wolfs, 'Institution as Medium: Curating as Institutional Critique?' in *On Curating* 2, No. 08 (2012). www.oncurating.org/documents/oncurating_issue_0811.pdf. Accessed 30 January 2012.

[2] Suzana Milevska, 'Curating as an Agency of Cultural and Geopolitical Change', in *Continuing Dialogues*, ed. Christa Benzer, Christine Bohler and Christiane Erkharter (Vienna: JRP/Ringier, 2008), pp.183—191.

是为了在国际艺术界"最性感"的职业中谋生（专注于挑选出新兴的艺术概念、艺术作品及创作这些概念或对象的艺术家）；而后者从根本上与一个人在世界上作为思想主体的地位有关。虽然策展职业本身并没有什么问题——即使将其以务实的方式概念化——但"生成策展人"采用了一种更深刻的方法：它开辟了一条理解当代艺术的新途径，以及策展人和艺术家在当代艺术世界和整个世界中定位自己的方式。

精疲力竭的策展

莱尔·维加拉（Leire Vergara）

精疲力竭绝不仅仅是疲惫[1]，吉尔·德勒兹（Gilles Deleuze）在《穷尽者》（*The Exhausted*）的开头澄清了这一观点，这篇文章是他1961年的著作《从莫索克到受虐狂》（*From Sacher-Masoch to Masochism*）中的思想的延展。对于德勒兹来说，精疲力竭的人并不是一个倦怠的人，也就是说，愿意休息以恢复体力的人与穷竭一切可能性而不能继续前进的人是有本质区别的。因此，他将自己的崩溃状态看作一种契机，使其得以重新评估任何特定惯例的局限性。基于此，精疲力竭不是遭受苛刻情况折磨的被动者，而是主动者，旨在打断一系列条件并创造与现实互动交织的新形式。因此，对于德勒兹而言，精疲力竭概念的对立特征不在于其自身中断过程的能力，而是在于检验"语言状态和命名可能"方式的实际潜能。[2]

为了说明疲惫和精疲力竭的区别，德勒兹提到了《方庭》（*Quad*）和《鬼魂三重奏》（*Ghost Trio*），这是塞缪尔·贝克特（Samuel Beckett）分别在1984年和1975年创作的两部戏剧。

《方庭》中运用的元素非常简单：4个人物（裹在斗篷之中）占据了一个空的四边形空间。这场戏剧简单地由一系列由演员驱动的组合动作构成。这些演员经过严格的编排，沿着特定的路径重复行走。行走过程不断避开了中心区域，突出了空

1　Gilles Deleuze, 'The Exhausted', in *Essays Critical and Clinical*, trans. Daniel W. Smith and Michael A. Greco (London: Verso, 1998), p.152.

2　Gilles Deleuze, 'The Exhausted', in *Essays Critical and Clinical*, trans. Daniel W. Smith and Michael A. Greco (London: Verso, 1998), pp.152—153, 159.

间的轮廓。这个使人痴迷的舞蹈编排表明了剧本的意图：通过耗尽空间可能提供的所有动作组合来表现精疲力竭。从这个意义上说，作品在"穷尽一切可能的过程中竭尽自己，反之亦然"[1]。

《鬼魂三重奏》也与空间有关，并且与空间潜能的穷竭有关。为此，贝克特采取了将舞台分割为3个元素的策略：门、窗和榻。通过这种划分，一连串的特写镜头会产生从一个元素到另一个元素的重复电影路径，从而在3个元素之间产生强烈的依属。德勒兹将作品中空间的碎片化理解为一种抵抗落入严格的再现规则的阻力，即通过将各个部分与整体分开，区分和探寻新的联系。实际上，在《鬼魂三重奏》中采用的策略似乎打破了当时在电视上演戏剧的方式：假装摄像机没在现场。贝克特的作品利用了剧院和电视这两种媒介，从而质疑其自身的呈现限制，并将这种关系条件作为一种新的潜能。

基于以上所述，德勒兹关于精疲力竭的策略应不仅限于作为阻止持续动态的简单动力。精疲力竭作为一种方法，包括检验任何文化实践在内的生产和再现程序。因此，为了达到极限，从而更新文化领域的既定条件，精疲力竭超越了在文化领域尽可能丰富的行为。在这个层面，精疲力竭的方法可能有助于重新评估任何使文化实践深陷其中的当代机制。

将这种思考置入当代艺术展览策划领域意味着考虑重新评估该实践所处的条件。在此语境下，我想提出"精疲力竭的策展"（exhausted curating）这一概念。"精疲力竭的策展"应该是关于要求一种新的动力，这种动力能够激发其工作程序及公共语境的内在反身性。换句话说，"精疲力竭的策展"应该是关于承认当下在策展领域可能发生的事情。它与德勒兹关于穷竭的主张相差无几，即被耗尽者也能够穷尽其一切的可能。因此，"精疲力竭的策展"应该阐明自身的穷尽，并以此作为激发新的策展生产模式的方法。

为了探讨策展性跳脱策展适当限制范围的现状，我们必须扩展其特权范围的可见性：展览。为此，策展实践必须涉足其他知识领域，并为思考客体、身体、主体、政治和展示之间的关系创造新的可能性。[2] 乍一看，策展与策展性之间的区别可

---

[1] Gilles Deleuze, 'The Exhausted', in *Essays Critical and Clinical*, trans. Daniel W. Smith and Michael A. Greco (London: Verso, 1998), p.152.

[2] André Lepecki, *Exhausting Dance: Performance and the Politics of Movement* (London: Routledge, 2006), p.5.

能与"疲惫者"和"穷尽者"一样微不足道,尽管事实是这种差异化的需求提供了机会,要求对这一实践做出新的承诺。但是,为了触发这两个过程之间的差异,这期间应该存在一个中断时刻,有目的地停止,有意图地改变了策展的常规流程。

类似的逻辑也体现在安德列·勒沛奇(André Lepecki)的作品《精疲力竭的舞蹈》(*Exhausting Dance*)之中。该作品致力对一些现代编舞家的作品形成新的理解,即将对舞蹈身份的探寻作为存在于流之中(being-in-flow)。[1] 勒沛奇的研究旨在探究近期编舞策略是如何竭尽舞蹈与动作之间的关系,以及这种中断是如何代表当代编舞的本体论转向。这种精疲力竭与早期现代观念中先入为主的思想的崩溃有关,即舞蹈和动作是被捆绑在一起的。因此,舞者的身体就是整体存在进入运动(a total-being-into-movement)。勒沛奇认为这种关联是一种现代症状,同时考虑到现代项目从根本上讲是动力的,因此,关于竭尽舞蹈的构成要素的观念,实际上意味着将批评指向训练有素的身体的产生,身体根据严格的命令运动。

这个观念可能难以想象,但这实际上是在编舞实践中允许反身指涉性(self-reflexivity)的必然要求,正如勒沛奇争辩,这实际上是背叛的一种形式(勒沛奇并不认为这是一种背叛,但当代舞蹈编舞领域的大多数从业者都是这样理解的)。为什么会有如此论述?在舞蹈实践中允许反身指涉性似乎是不可避免的要求,对这一要求的广泛理解并不是背叛的一种形式,而是一种不忠。这种不忠促使编舞忽略运动作为其主要定义特征,进而突出其语言条件。实际上,正是这种特殊的令人烦恼的分离提供了机会,可以按照编排文本中的指示,构想"身体不仅仅是一个独立且封闭的存在,也作为能够建立动态交流系统的活跃的语言实体"。

表演理论家博亚娜·茨韦伊奇(Bojana Cvejić)在《欧洲当代编舞:理论何时达到自动组织?》(*Learning by Making and Making by Learning How to Learn: Contemporary Choreography in Europe: When did Theory Reach Auto-Organisation?*)[2] 中,揭示了沉浸于精疲力竭的逻辑之中的当代编舞的具体条件。她介绍了自20世纪90年代舞蹈编排实践从现代舞蹈中分离以来,当代舞蹈编排所经历的转变。对于茨韦伊奇来说,编舞的解放不仅受到视觉艺术的影响,同时也受到自20世纪60

---

1 André Lepecki, *Exhausting Dance: Performance and the Politics of Movement* (London: Routledge, 2006), p.1.

2 Bojana Cvejić, 'Learning by Making and Making by Learning How to Learn', in *A.C.A.D.E.M.Y.*, ed. Angelika Nollert et al. (Frankfurt a M: Revolver, 2006), pp.193—197.

年代以来对影响艺术创作的理论和哲学的浓厚兴趣的推动。但是，对于理论家来说，编舞实际上将通过直接的言语举动获得自治，这宣布编舞实践存在于预期之外的地方。茨韦伊奇认为，公开声明"这是编舞，而那不是"暗示着一种正面的排演，这超越了对戏剧化范式辩证的批判，而这种范式强调了舞蹈和编舞绑定发生的状态。这意味着茨韦伊奇的方法试图超越纯粹的逻辑，即以精疲力竭为关键策略，帮助她用一种再现体制（representational regime）去代替另一种。基于此，她的反思呈现出对于那种消极批判类型的怀疑。这种批判认为应该拆除某些东西，即戏剧化范式、观者或表演者的动作。此外，对于理论家来说，竭尽旧技术以获取新技术的应许应该是不够的，至少，如果这样做不能将批评重新引导到能够产生新的条件、实践、工作形式和现代编舞生活的实验性和创造性命题上，那将是不够的。

从茨韦伊奇的要求之中，我们可以了解到编舞实践应该超越辩证批判（dialectical critique），在此基础上设想一下精疲力竭策略可以提供的可能性范围将是有趣的。在舞蹈编排中，这不仅意味着专门取消针对该阶段建立的规则、姿势和行为惯例，而且还应唤醒对主体化过程的意识，这些过程将使参与实践的主体成型。

安德列·勒沛奇在《精疲力竭的舞蹈》中为将现代性视为一种主体性的论点进行了辩护。对他而言，"现代性的分期不是基于特定的时期或特定的地理，而是基于生产和复制这种特定形式的主体化过程来确定的"[1]。此外，要承认现代性产生了特定的主观化形式，就必须承认符合它的要素和程序。例如，主体性被困于个别主体的唯我论（solipsistic）囚禁之中的方式。实际上，勒沛奇在他的书中要求将"主体性"一词与固定的"主体"概念彻底分离。为此，他强调将主体性理解为一个动态概念，能够产生如政治的、情感的或编排的关系模式。换言之，他提议将主体性视为不断创造和重新创造生命的可能性。

众所周知，现代性的时间界定是相对随意的及可延展的。雷蒙德·威廉斯（Raymond Williams）在《现代主义是何时？》（When was Modernism?）中，将自我意识的概念引入了有关现代主义的辩论之中[2]，要求我们注意一种趋势，这种趋势

---

[1] André Lepecki, *Exhausting Dance: Performance and the Politics of Movement* (London: Routledge, 2006), p.10.

[2] Raymon Williams, 'When Was Modernism', in *Politics of Modernism: Against The New Conformists* (London: Verson, 2007), pp.31—35.

要求对现代性的批判不断进行重新评估。在这项工作中，威廉斯拒绝将"现代"一词锚定到一个具体化的时期，并拒绝将现代主义固定在传统上公认的制度化文化形式之内。他个人认为，这些形式"迅速丧失了他们的反资产阶级立场，并轻松地融入了新的国际资本主义"[1]。因此，他拒绝修复现代性，以重新获得其现代形式修辞之外的原始批判力量。威廉斯拒绝为现代主义建立规范的时间，试图对现代主义计划的被遗忘的目标做出反应和重新定位。而事实上，这是由打破资产阶级生活形式的激烈尝试所推动的。

展览空间是现代主义至关重要的空间体现。在白立方空间中，窗户被拆除，墙壁白色，地板被抛光，光源置于天花板，这是将艺术展览空间与外界隔离的例证。展览空间的这种分离在将生命形式美感转移到艺术作品时赋予了其特权。但是，正如布莱恩·奥多尔蒂（Brian O'Doherty）所建议的[2]，展览空间的限制恰恰是现代典范的出现，这才是引发围绕艺术作品及其公众展示限制的反身性体系的真正触发因素。实际上，正是在这种语境下，策展成为一种重要的实践，并能够投射出创新的展览制作模式，从而有能力挑战现代规范空间的极限。为此，自20世纪60年代以来，作为对白立方的批判性回应而进行的辩论和艺术实践都在努力打破这种所谓的中立性。

通过这种方式，自白立方破裂以来出现的批评仍应以资产阶级意识形态破裂为主张，而资产阶级意识形态则隐含在塑造白立方的中立性形式之中。然而，事实是，它的性质、白性（whiteness）和沉默一次又一次地试图消除这场斗争的发展。因此，这种不断的删除可以被认为是对策展实践的实际可能性的真正穷尽。这种竭尽要求破坏，以允许在展览的视觉范围内进行新的程序。在策展实践中预见的颠覆性想法现在可以用"策展性"的概念来阐述。但是，有必要将策展性的任务定位在超越辩证批判对其范式需求的范围内，就像茨韦伊奇对当代舞蹈实践的正确要求一样。从这个意义上说，"精疲力竭的策展"应该为策展性让路，因为策展性在此作为限制艺术经验程序之中的创造性颠覆。这意味着艺术经验应该暗示一个实现过程，即被资产阶级辞藻所抛弃的所有这些艺术作品的特性。

---

[1] Raymon Williams, 'When Was Modernism', in *Politics of Modernism: Against The New Conformists* (London: Verson, 2007), pp.35.

[2] Brian O'Doherty, *Inside the White Cube: The Ideology of the Gallery Space* (Berkeley: University of California Press, 1999).

基于此，让我们再次回忆一下德勒兹在《穷尽者》中，以贝克特的戏剧《鬼魂三重奏》为例提出的连接与分离策略。能够理解哲学家如何主张生产的连续性超越非连续的现实是件非常有趣的事情，好像他提出了在连续与中断之间不可分割的联合一样。因此，穷尽者可能是不适当的主体，无法适应既有的空间。精疲力竭的人需要重新塑造生活，将其作为一种坚定不移的思维方式，以此来证实他或她作为主体存在。

厄洛斯、瘟疫、嗅觉：策展性的三个寓言

珍妮·道桑（Jenny Doussan）

自闭症的颂歌（Autistic doxology）

> 如前所述，如果我们用"景观"（spectacle）一词来描述我们现在所生活的资本主义的极端阶段，即一切事物都在与自身分离的状态下展现出来，那么景观和消费是不可能单一使用的两个方面。同样，无法使用的东西被用于消费或奇观展览（spectacular exhibitions）。
>
> ——吉奥乔·阿甘本（Giorgio Agamben）[1]

吉奥乔·阿甘本（Giorgio Agamben）在他的《政治学笔记》（*Notes on Politics*）中指出："新的政治经验的内在层面，是由这个景观状态对语言的最终征用构成的。"他在较早的一篇文章中表达出这样一种情感，建议眼前的任务是抓住生活在景观状态下的积极可能性——我们新获得的沟通能力在景观的征用中作为赤裸语言（bare language）本身——并利用这种可能性来反对它。[2] 通过与经验和视觉的融合，语言"裸露"（exposed）成为服务于景观的一种通用功能。同样地，在与真实

---

[1] Giorgio Agamben, *Profanations*, trans. Jeff Fort (New York: Zone Books, 2007), p.82.

[2] Giorgio Agamben, 'Notes on Politics' and 'Marginal Notes on Commentaries on the Society of the Spectacle', in *Means Without End*, trans. Vincenzo Binetti and Cesare Casarino (Minneapolis: University of Minnesota Press, 2000), pp.115, 84—85.

交流行为的分离中揭示了交流本身。

阿甘本最近用意象而非语言词汇表达了这一理念,并以一种具身视觉性(embodied visuality)解决了这些非常相似的问题,用他后来的术语来说,这些问题即是对景观"装置"(apparatus)的捕捉。在《荣耀之躯》(*The Glorious Body*)中,他从身体的角度清晰地阐述了景观,质疑了从神学概念上对重生之躯的构想,并提出今天是否可以认为身体有"其他可能的使用"。阿甘本并没有谴责荣耀的景观功能——将人体器官与其重要功能区分开来展示其价值,而是提出了荣耀的二元模式。

就像在广告和色情作品中,商品或身体的拟像会随着它们被展示而不是被使用的程度而提高自身的诱惑力。因而,在重生中,闲置的性器官也将展示它生殖的潜能或德性。荣耀的身体是一个明示的身体(ostensive body),其功能不是被实施而是被展示。荣耀,在这个意义上,是和无作性(inoperativity)相一致的。[1]

然而,把潜能性身体从功能性身体中分离出来,只能"允许"而不能"保证"一种新的使用。尽管具有无作性的正式身份,阿甘本仍在承认大约15年前他的主张"主权禁令"(sovereign ban),提醒我们注意礼拜意义上荣耀的危险,这种荣耀"除了不断地捕捉无作性并将其置于崇拜的范围之外,别无他途"[2]。尽管它从工具性(instrumentality)中解放出来,但这个荣耀之躯还是致力于使装置充满活力,而不是自身享受。

阿甘本试图发明的"新的使用"(new use)必须排除"工具性"。在这个困难的构想中,不仅一个实体的新的使用——或一具身体——必须与保留其展示价值的先前功能有所不同,它本身也必须是非工具性的,"不针对最终目的"。阿甘本将提出的"赤裸的、纯粹的人类身体"新的使用比作"难以辨析"的舞蹈,他断言,"荣耀之躯不是什么别的身体,它也没有更加敏捷或美丽,更加光辉或灵性;当无作性移除了它的咒语,并使它向着一种新的、可能的、共同的使用敞开时,它就是身体本身"[3]。这样看来,在一个颠倒的序列中,新的使用必须始终保持"潜能"

---

1 Giorgio Agamben, *Nudities*, trans. David Kishik and Stefan Pedatella (Stanford: Stanford University Press, 2009), p.98.

2 Giorgio Agamben, *Nudities*, trans. David Kishik and Stefan Pedatella (Stanford: Stanford University Press, 2009), p.100.

3 Giorgio Agamben, *Nudities*, trans. David Kishik and Stefan Pedatella (Stanford: Stanford University Press, 2009), pp.102—103.

而非"现实",以避免被装置捕获。

尽管阿甘本坚称这种新的使用必须是"公共的",但它仍倾向于自我满足,他以荣耀的非生产性生殖器为例很好地说明了这一点。这种倾向,在其他地方通过他对"幸福生活"的隐晦倡导得到了证明,这使一些人质疑阿甘本思想与他所批判的"当代民主唯物主义"思想之间的真正区别,指责他为"时髦的半自闭主义"[1]。尽管他对工具性的批判是在获取装置过程中对工具的剥夺和对内容的提取,这可能是他的哲学程序化方面的核心,但这也引出了如何才能普遍实现暂停它的问题,以及难道我们都要变成暴食症患者,停用营养工具以使饮食失效,暴露其作为纯粹意义的展示价值,以希望将其用于新的使用吗?[2]

在从语言到躯体的转变中,阿甘本似乎没有在两者之间建立任何显著的区别。尽管他对该装置的确切机制进行了更精确的描述,并阐明了其同时具有解放性和毁灭性的双重价值,但"神圣之人"和"荣耀之躯"最终几乎没有什么区别,至少就其作为语言实体的地位而言。这本身不是批判的理由,但确实没有适当地体现具身主体性的问题。是否存在一种方法可以用于思考一个不附属于景观的,但附属于语言的具身主体性?这种具身主体性能否逃避阿甘本与装置捕获相关的工具性的禁止?展览与工具性一定要永远对立吗?

以下三个寓言挑战了这一前提,并指出了展览不受此类限制的可能性。

厄洛斯:感性认识论(Eros: Sensual epistemology)

在柏拉图《会饮篇》(*Symposium*)的宴饮酒会之中,每位宾客都必须称赞厄洛斯。苏格拉底对女祭司狄奥提玛(Diotima)的指导进行了重新梳理。他声称从狄奥提玛那里学到了关于爱的一切,利用她"助产"式(maieutic style)的提问和回答(源自"maia"[玛雅]一词,意思是"midwife"[助产士]),他自己也因这种教学策略而闻名。前面的宾客在其演讲中赞扬称颂了厄洛斯的英雄气质,但狄奥提玛/苏格拉底很快确定,作为丰饶神(Resource)和匮乏神(Poverty)之子的厄

1　Lorenzo Chiesa and Frank Ruda, 'The Event of Language as Force of Life: Agamben's Linguistic Vitalism', *Angelaki* 16, No. 3 (September 2011): p.174.

2　'Hunger of an Ox: Considerations on the Sabbath, the Feast, and Inoperativity' in Agamben, *Nudities*, pp.104—112.

洛斯,出生于阿佛洛狄忒(Aphrodite)诞辰之日,但他并不是神,而是半人半神的"局间者"(daemon),这种关系就是"the love of"。更具体地说,厄洛斯是一种对善的热爱,因此爱者渴望永久拥有善。[1]

爱不仅破坏了美/丑的化约对立(reductive opposition)——对于美而不是丑的欲求,正如对善的爱不会使人变坏——这也表明了厄洛斯"局间者"的身份弥合了天地之间的差距,将整个乾坤联成一体。[2] 厄洛斯在人与神之间的守护作用,在其天地之间、具体与普遍之间的状态中得到了复制——后者只有通过前者才能达成这一作用。在文中最著名的一段中,狄奥提玛/苏格拉底解释了如何从欣赏身体之美开始逐步实现"理念之美"(Ideal Beauty)。只有在经过精心引导下,通过越来越少的个人之美的体验,一个人才能上升至美的普遍形式。

就像使用楼梯的人逐级而上一样,从一个美的形体到两个美的形体,从两个美的形体到所有美的形体,从形体之美到体制之美,从体制之美到知识之美,最后再从知识之美进展至仅以美本身为对象的学问,最终明白什么是美。[3]

尽管获取非物质形式的美越来越少地依赖于个体的身体,但个体的身体仍然提供了至关重要的第一印象。同样,个体的身体之美与理念之美之间并没有太大的区别。因为在理想状态下,美不再局限于身体的表现。因此,身体之美可以被理解为不朽之美的"终极意义"。然后,在一种原始的自主性中,照亮一切美丽的事物。

然而,正如狄奥提玛/苏格拉底所指示的那样,厄洛斯"不是对美本身的渴望,而是对美的影响的概念及过程的渴望"。的确,虽然理念之美是永生不朽的,但人类在这种美中所占的份额始终受到其身体死亡的限制,对美的参与发生在其复制过程之中。正如所有生物都被爱欲所驱使,通过繁衍来获得永生一样,对美的爱欲也迫使人类"在美与灵魂中诞生"。狄奥提玛/苏格拉底以孕育的身体语言表达了这一点。

首先,在生育过程中,美是主宰交媾和分娩的女神。就是因为这个道理,凡有生育力的人一旦遇上美丽的爱人,马上就感到欢欣鼓舞、精神焕发,很容易怀孕。

---

1 Plato, *Symposium*, 206a; trans. Christopher Gill (London: Penguin Books,1999). 参见[古希腊]柏拉图著,《柏拉图全集(第二卷)》,王晓朝译,人民出版社,2003年,第248页。——译者注

2 Plato, *Symposium*, pp.202a—203c。参见[古希腊]柏拉图著,《柏拉图全集(第二卷)》,王晓朝译,人民出版社,2003年,第243—244页。——译者注

3 Plato, *Symposium*, pp.211b—c; cited in Gill, p.49. 参见[古希腊]柏拉图著,《柏拉图全集(第二卷)》,王晓朝译,人民出版社,2003年,第254页。——译者注

但要是遇到丑陋的爱人就兴味索然，转身躲避，不肯上床，但仍要承受生育的痛苦。甚至在分娩的时候，美也起着神奇的作用。美可以使分娩顺利结束。[1]

其次，我们在有形的类比中认识到身体的必要性：它是"美的承载者"（bearer of beauty），催化繁衍的过程。这是死亡的一个方面，其中可朽的部分参与着不朽（有限地参与永恒）。

狄奥蒂玛/苏格拉底在这里将肉体与精神之间的有趣结合融为一体，将知识纳入对厄洛斯的论述中，将身体的繁衍与灵魂的繁衍结合起来，形成了一种感性的认识论。在一个不仅与凡人和不朽的问题产生共鸣，而且与部分和整体产生共鸣的结构中，正如细胞不断死亡并同时自我复制一样，我们的知识也是如此。虽然一个人的物质层面不断流动，性格特征、信仰和恐惧等心理属性也是如此，但没有人的身份受到质疑，一生都被认为是同一个人。这个原则在知识方面的运作方式是通过遗忘、记忆或回忆的过程。

我们关于事物的知识，有些在增长，有些在被遗忘。可见，在知识方面我们也从来不是同一个人。对每一种知识来说，这条原则也适用。当我们说我们在学习的时候，我们的真正意思是我们的知识在消失。由于我们的知识消失了，所以我们说忘了，要通过学习来补充遗忘了的知识，使我们的知识状态看起来和从前一样。这就是每个人延续自身生命的方式。[2]

也许这篇论述中最引人入胜的部分可能是关于物质和理念形式的可变性，这一点被表达为回忆。狄奥提玛/苏格拉底/柏拉图的这种结构允许通过满足欲望来拥有善，但这不是导致僵化的最终努力。复活的知识并不局限于生存作为一种无效的类型学，而是体现了新生命作为它所取代的生命的实现，但仅在其自身持续存在的范围内。厄洛斯也许是获取理念之美的手段，但是这个过程是通过不断变化的状态发生的。这种自我更新的生命力超越了阿甘本主义中将共同与神圣分开的行为。因此，柏拉图式的厄洛斯可能是一种工具性的使用，但这种工具性是一种"爱之劳作"（labour of love）。

---

    1 Plato, *Symposium*, pp.206c—e; cited in Gill, pp.43—44. 参见［古希腊］柏拉图著，《柏拉图全集（第二卷）》，王晓朝译，人民出版社，2003年，第249页。——译者注

    2 Plato, *Symposium*, pp.207e—208a; cited in 'Symposium', trans. Michael Joyce, in Plato, *The Collected Dialogues Including the Letters*, ed. Edith Hamilton and Huntington Cairns (Princeton, NJ: Princeton University Press, 1973), pp.559—560. 参见［古希腊］柏拉图著，《柏拉图全集（第二卷）》，王晓朝译，人民出版社，2003年，第251页。——译者注

瘟疫：情感传染（Plague: Affective contagion）

相比之下，在安托南·阿尔托（Antonin Artaud）的现代性中，柏拉图式的爱（Platonic Eros）所体现富有创造力的"生活的自由"早已消失，取而代之的是"原欲"（libido）的阴暗自由，"它与生活中一切最肮脏、最卑鄙、最无耻的联系在一起，以一种自发的但并不纯粹的力量、一种不断更新的力量奔向生活"。阿尔托将这种令人振奋的品质归因于瘟疫。瘟疫是他在1938年的著作《戏剧及其重影》（*The Theatre and Its Double*）中对重要戏剧的隐喻。书名所指的"重影"恰恰是瘟疫所表现出的这种阴暗的现实力量，而不是虚伪、空虚的日常现实。

瘟疫是戏剧的典范，是原始而真实的现实，它打破危及机敏锐感觉的、"令人窒息的物质惰性"[1]。阿尔托竭尽全力地描述了瘟疫的生理影响，其中"疯狂的体液"随着身体腐烂从每个孔口流出。阿尔托将这种经历比喻为与发生瘟疫的历史情况类似的火山喷发，如政治动荡、政权易主和灾难事件。在暴发期间——瘟疫流行的时候——所有的社会秩序瓦解，欲望的狂潮战胜了一切，一种"疯狂的无偿性"（frenetic gratuitousness）盛行。[2]

阿尔托驳斥了任何通过接触传染的概念。他断言，瘟疫在各个方面都具有破坏性，它"与我们所说的死亡密切相关的直接手段或知识力量的物化"相反。确实，瘟疫与破坏和主权都有着神秘的亲属关系。阿尔托将这种痛苦描述为"精神实体"（psychic entity），不是病毒，而是一种交流形式，尤其与堕落者和专制者密切相关。除了证明这种现象的历史案例之外，阿尔托还指出，在精神上与瘟疫交流的不仅是名义上的主权者，与毫发无损的疾病进行沟通本身就是一种主权姿态。

谁也说不清为什么瘟疫袭击胆怯的逃亡者而放过了向尸体发泄的淫荡者。为什么回避、贞洁、孤独丝毫不能防止灾难的扩散……应该从这些奇怪的、神秘的、矛盾的描述中得出瘟疫的外在症状。瘟疫挖空机体和生命，直至出现撕裂和抽搐。

1　Antonin Artaud, *The Theater and Its Double*, trans. Mary Caroline Richards (New York: Grove Press, 1958), pp.30—32. 参见［法］安托南·阿尔托著，《残酷戏剧：戏剧及其重影》，桂裕芳译，商务印书馆，2015年，第30页。——译者注

2　Antonin Artaud, *The Theater and Its Double*, trans. Mary Caroline Richards (New York: Grove Press, 1958), pp.24—26. 参见［法］安托南·阿尔托著，《残酷戏剧：戏剧及其重影》，桂裕芳译，商务印书馆，2015年，第22—23页。——译者注

痛苦越强烈越浸人肺腑，它在敏感性的各个区域里的途径和强度就越多，亦越大。[1]

正是"精神面相学"（spiritual physiognomy）的概念将瘟疫的形式定义为戏剧形式。阿尔托把瘟疫病人比喻为演员，两者都受到精神力量的阵阵打击，但瘟疫却以"身体混乱"（physical disorganization）的状态发生，而在戏剧中这种力量完全是"感官的"。这里的无偿性是必要的。他写道："民众中的渣滓似乎由于贪婪的狂热而免疫。他们走进开着门的房子抢夺财宝，即使他们知道财宝毫无用处。这就是戏剧。戏剧就是立即的无偿性，它尊重无用的、对现实毫无益处的行动。"[2] 这种无偿性的气息充斥着演员取之不尽用之不竭的狂暴形式，"它在逐渐释放出来的同时不断否定自己，并融入普遍性之中"。实际上，瘟疫的传染是"以身作则"。阿尔托宣称："如果本质上说，戏剧和瘟疫一样，那不是因为它具有传染力，而是因为它和瘟疫一样也是显露，是潜在性残酷的本质的暴露、外露，而精神上一切可能的邪恶性，不论是就个人而言还是就民族而言，都集中在这一本质之中。"[3]

因此瘟疫是一种情感传染。它的传播"无需老鼠，无需细菌，无需直接接触"，而是在"景观"中实现。[4] 这种从个人情感到集体普遍性的非物质化正是景观的运作方式。正如阿尔托解释的那样："事实上，我们想使之复苏的是一种总体戏剧。在这种观念中，戏剧将把从来就属于它的东西从电影、杂耍歌舞、杂技甚至生活中夺过来。"[5] 然而，与阿甘本对后德波学者的理解相反，阿尔托的景观并非缺乏象征意义的光谱，或如图像一样无形的荣耀之躯，而是整体的、集体的身体感官体验，一种体视的主体性（corporo-spectacular subjectivity）。

尽管在这种景观中可以辨别出某种授权，但阿尔托的哲学与阿甘本的无作性理念截然不同。景观的瘟疫／戏剧填充动作而不是清空动作。

瘟疫采取了沉睡的形象——潜在的混乱——接着，突然将这些形象推至极

---

[1] Artaud, *Theater and Its Double*, 22—23. 参见［法］安托南·阿尔托著，《残酷戏剧：戏剧及其重影》，桂裕芳译，商务印书馆，2015 年，第 19—20 页。——译者注

[2] Artaud, *Theater and Its Double*, 24—25. 参见［法］安托南·阿尔托著，《残酷戏剧：戏剧及其重影》，桂裕芳译，商务印书馆，2015 年，第 21 页。——译者注

[3] Artaud, *Theater and Its Double*, 30. 参见［法］安托南·阿尔托著，《残酷戏剧：戏剧及其重影》，桂裕芳译，商务印书馆，2015 年，第 28 页。——译者注

[4] Artaud, *Theater and Its Double*, 23—27. 参见［法］安托南·阿尔托著，《残酷戏剧：戏剧及其重影》，桂裕芳译，商务印书馆，2015 年，第 20 页。——译者注

[5] Artaud, *Theater and Its Double*, 86. 参见［法］安托南·阿尔托著，《残酷戏剧：戏剧及其重影》，桂裕芳译，商务印书馆，2015 年，第 89 页。——译者注

点,成为极端的动作。戏剧也采取了一些动作,且将其推至极点。戏剧像瘟疫一样,将存在的和未存在的联系起来,将潜在可能性和物质化的自然中存在的联系起来。戏剧找回了象征和典型符号的概念,作用于我们突然清醒的头脑,如休止符、延长符、凝滞的血流、冲动的呼喊,以及急性增长的形象。[1]

不同于阿甘本对"意大利即兴喜剧"(commedia dell'arte)的类型化姿态,"从神话和命运的力量中删除",其中"面具在文本和执行之间体现出来"。在阿尔托的戏剧中,它撕下面具,揭露了"我们这个世界的谎言、懦弱、卑鄙、伪善"[2]。在瘟疫/戏剧的痛苦中,主体的无偿性不允许新的使用,它"是"新的使用。它是"用新精神来表现的大量的物体、动作和符号"[3]。

嗅觉:存在意义(Olfaction: Being sense)

嗅觉,一度被认为是传播瘟疫的感官,在1754年的《感官论》(*Treatise on the Sensations*)中是被哲学家艾蒂安·博诺·德·孔狄亚克(Étienne Bonnot de Condillac)作为灵魂的感官基础的主要证据。孔狄亚克提出了第一个感官哲学。通过假设,一个雕像的每种感官被逐一添加,一个接一个,从气味开始。这一过程证明了认知能力的各个方面,包括愉悦与痛苦、记忆、比较、判断、想象、欲望和意志,这些都可以从5种感官中最原始的部分中获得。

尽管嗅觉可能是所有认知功能的基础,但它并未公开任何延展的知识。这是《感官论》的第一个前提;其后是感官雕像与闻到芬芳之间统一的逻辑结果:"如果我们给雕像添加一朵玫瑰的味道,对我们来说,它就是闻到玫瑰的雕像。对它本身来说,这就是玫瑰的气味。……它不可能是别的什么东西,因为它只受感觉的影响。"[4]因此,在这种对人类意识本质的批判性研究中,认识是从感觉中获得的,与

1　Artaud, *Theater and Its Double*, 27。参见[法]安托南·阿尔托著,《残酷戏剧:戏剧及其重影》,桂裕芳译,商务印书馆,2015年,第24—25页。——译者注

2　Agamben, 'Marginal Notes', P.79; Artaud, *Theater and Its Double*, 31.

3　Artaud, *Theater and Its Double*, P.87. 参见[法]安托南·阿尔托著,《残酷戏剧:戏剧及其重影》,桂裕芳译,商务印书馆,2015年,第90页。——译者注

4　Étienne Bonnot de Condillac, *Condillac's Treatise on the Sensations*, trans. Geraldine Carr (Los Angeles: University of Southern California School of Philosophy, 1930), p.3. 相比之下,阿甘本的"nose of the blessed"在没有任何物质刺激的情况下识别气味,参见 Agamben, *Nudities*, p.94.

认识的客体无关，而这种单纯的认知包括其内在刺激的主体性，即嗅觉的"存在意义"。

的确，尽管雕像可能不具有"物质"的概念，但它仍然构成了一个通过"及时"积累经验而获得的"思想"，从注意力的来源开始，从而产生记忆和想象。参与嗅觉的这种三位一体的认知活动为雕像中体现的主体性提供了基础，该主体性体现在对自身状态的时间差异和物质差异的认知上。通过描述原始的注意力断裂，孔狄亚克解释："当我们的雕像散发新的气味时，它仍然会呈现出前一刻的样子。它的感觉能力分为记忆和气味。第一个职能注意过去的感觉；第二个职能注意现在的情况。"[1]

尽管如此，这种短暂的体验与感性有着质的关系。孔狄亚克断言："忽略任何作用其中的客体，甚至忽略其自身的感觉器官，它通常只能在对某一感觉微弱、强烈的情况下，才能把记忆和现在的感觉区分开来。"[2] 孔狄亚克用"通常"一词，在这里是用来强调这种关系不是固定的。尽管并非总是如此，但记忆所带的感觉可能会比现在的感觉更强烈。这就是"想象力"发挥作用的地方。"记忆"把过去的事情当作过去来回忆，而"想象"把过去的事情当作现在来回忆，运用回忆的力量来"抓住"当下，并替代这些感觉，这超出了它在不知不觉中受到影响的现实的感觉。[3]

因此，记忆及其模态变体的想象力是生成思想的时间与经验的基础。从最初的时间体验中，本质上是一种差异体验，当记忆成为"习惯"时，雕像获得了对继承和绵延时间的理解。这种随之而来的比较和判断，反过来引起了欲望、偏爱和厌倦，这使雕像有能力去辨别愉悦与痛苦。通过自我识别的过程，雕像从对自己的愉悦修饰的特定观念转变为对愉悦的总体观念。因此，记忆是一系列形成想法的思想链，是"一种联系，提供了从一种思想传递到另一种思想，以及召回最遥远的思想的方式"[4]。尽管它具有渐进性，但由于想象力的破坏性作用，使得该链条保持流动。它重新排列了从经验积累到新序列的比较中构建的思想。[5]

像它的思想一样，雕像的自我也是由时间差异产生的，尽管它不仅限于纯粹

---

1 Condillac, *Treatise on the Sensations*, 6.
2 Condillac, *Treatise on the Sensations*, 7.
3 Condillac, *Treatise on the Sensations*, 18.
4 Condillac, *Treatise on the Sensations*, 11.
5 Condillac, *Treatise on the Sensations*, 20.

的现在。孔狄亚克写道:"我们的雕像具有记忆力。没有一种气味不让它想起它曾经是另一种气味。这就是它的个性。如果它能够说'我',则可以在其持续时间的所有状态下说出来;每次它的'我'都会拥抱它可能保留的所有记忆时刻。"[1]然而,在这里和其他地方,"哲学"提醒我们,雕像无法与扩展的世界区分开,并且雕像是严格的时间个性化。它的主体性和认知功能完全来自与时间的简单对抗。正如它无法认识到想象和拥有感觉之间的区别一样,它也无法将自己作为积极力量的能力与它对扩展世界的完全被动接受区分开来。确实,雕像只能爱自己,因为"它所爱的东西只是它自己的修改"[2]。

嗅觉雕像的具身主体性是一个荣耀之躯的例子?还是,更确切地说,是一个自闭症颂歌的例子?答案是否定的。尽管孔狄亚克将嗅觉与其他感官能力区分开,但他并未将嗅觉与其功能分开。嗅觉是最优秀的工具。通过其本身的工具性——它"存在"的工具性,嗅觉将其感官用途扩展到所有认知能力。此外,尽管在孔狄亚克的论文中强调了感官的"意识",但雕像与延展之物显示出了一种非常特殊的"具身"关系,尽管这种关系无法得到承认。雕像"是"玫瑰味的,这是一种嗅觉的"存在意义"。这种内在反映了孔狄亚克对关于身体与灵魂之间关系的建构。他写道:"愉悦和痛苦有两种,一种属于身体,是感性的;另一种存在于记忆和灵魂的所有官能中,是知识的或精神的。但这是雕像无法注意到的区别。这种忽略将使我们免受难以避免的错误的困扰:因为这些感受并没有如我们想象的那么不同。真相是,它们都是知性的或精神的,因为正确的理解,只有灵魂才能感受到。实际上,在某种意义上,可以说它们都是感性的或具有形态的,因为只有身体是它们的偶然原因。"[3]

有效的发挥(Operative play)

如果我们可以辨别一条连接柏拉图式的爱、阿尔托的瘟疫和孔狄亚克的雕像/玫瑰的线索,那就是它们都是具身主体性,无法简化为阿甘本世俗的"幸福生活"的"时髦的半自闭主义"。尽管他提出了相反的观点,但他的内向视觉只能停留

---

1 Condillac, *Treatise on the Sensations*, 43.
2 Condillac, *Treatise on the Sensations*, 28.
3 Condillac, *Treatise on the Sensations*, 12.

在断断续续的无意义（或无止境）中。相反，它们是一种思想实验，其中巴特比（Bartleby）的身体纯粹被动地作为自身的白板（tabula rasa）。这种无作性使用放弃了主动的具身认知体验。身体不是意象，而是一个实体。在这里，感官与认知、世俗与神圣、惰性（deactivation）与工具性之间没有轻而易举的反转。展览，以及延展的策展策略，不必局限于一种无止境的循环之中，局限于一个空洞的白立方之中。无作性使用（inoperative use）让位于有效的发挥（operative play）。

第三章
运动（Moves）

当前任务：超越主权的桎梏
阿里拉·阿祖莱（Ariella Azoulay）

简单的操作者
莎拉·皮尔斯（Sarah Pierce）

策展性的三个短镜头
多琳·门德（Doreen Mende）

我想成为我思想的见证
鲁佩什·西塔兰（Roopesh Sitharan）

背叛与策展性：为策展委员会提供的证词
约书亚·西蒙（Joshua Simon）

"空洞"能指（empty signifier）和"浮动"能指（floating signifier）的类别在结构上是不同的。前者涉及一旦稳定边界的存在被视为理所当然，大众身份的构建；后者尝试从概念上理解边界位移的逻辑。然而，在实践中，两者之间的差距并不是很大。两者都是霸权操作，而且最重要的是，它们的参照在很大程度上是重叠的。在"空洞"能指的范畴是相关的，并且完全排除了浮动时刻的情况下，我们将拥有一个静止的边界——一种难以想象的情景。相反，一个纯粹的精神世界是无法想象的。因此，在霸权建构的任何过程中，"浮动"能指和"空洞"能指都应该被理解为局部维度，以便在分析上可区分。*

——厄尼斯特·拉克劳（Ernesto Laclau）

* Ernesto Laclau, 'Floating Signifiers and Social Heterogeneity', in *On Populist Reason* London: Verso, 2005), p.133.

当前任务：超越主权的桎梏

阿里拉·阿祖莱（Ariella Azoulay）

档案《从巴勒斯坦到以色列》中包含214张带注释的照片。这些照片被分为7个部分。该档案在特拉维夫和伦敦分别展出，并先后以希伯来语和英语出版。[1]这些照片记录了以色列建国过程中出现的暴力和悲剧。这种不可避免的共存改变了他们的关系并影响了他们的生活。档案所面临的挑战是制作这些照片，即承载不完整过

图1 "从巴勒斯坦到以色列"（From Palestine to Israel）档案展览，Zochrot画廊，特拉维夫，2009年。摄影：阿姆·德埃尔·卢斯基（Aim Deuelle Luski）

---

1 Ariella Azoulay, *From Palestine to Israel: A Photographic Record of Destruction and State Formation, 1947—1950* (London: Pluto Press, 2011).

去的文献，以某种方式书写潜在的历史。以下呈现了此次档案展览策划过程中运用的工具。

抵制（Rejecting）

抵制1947年至1950年强加实施的分区幻想的结果，以及这个结果此后作为主权国家法律形式出现的既成事实和法规。

拒绝（Refusing）

拒绝参与此后为维护以色列政权，以及以色列犹太人对塑造以色列/巴勒斯坦政治生活的权力的垄断所必需的暴力活动。

历史化（Historicizing）

历史化民族分裂的出现，并承认巴勒斯坦境内强迫犹太人和阿拉伯人隔离过程中实施的暴力。

转变（Transforming）

将管辖和统治当地人口划分所涉及的暴力转变为民事义务，这是恢复公民生活的必要条件。

创建（Creating）

创建一个摄影档案，一个新的"表象的表层"（surface of appearance）（引用米歇尔·福柯的说法）。通过它，一种新的公民话语出现了；通过它，一种完全分裂的幻想总是在这片土地上以一种暴力和压迫的形式出现。

重构（Reconstructing）

从照片中重构各种机制。它们将"民族分裂"强加于许多其他形式的犹太－阿拉伯关系之中，并拒绝参与其中。

塑造（Shaping）

将档案塑造成既不是犹太人也不是巴勒斯坦人的民事档案，这使我们能够对整个被统治的人口负责，并将犹太人和阿拉伯人视为暴力的当事方。这种暴力改变了他们的关系，并从此铭刻在他们的生活中。

利用（Using）

利用摄影和公民身份的概念来撰写不受主权国籍限制的历史，同时将这种视角本身作为研究对象，了解其在不可避免地代表和维护"民族冲突"中的作用。

复兴、想象和创造（Restoring, imagining and inventing）

复兴、想象和创造可预知的未来，在对普遍难以忍受的事情、不应该做的事情和永远不应该违反的事情达成共识的基础上，请求和给予宽恕。

提取（Extracting）

从过去中提取其未实现的可能性，作为想象不同未来的必要条件。

简单的操作者

莎拉·皮尔斯（Sarah Pierce）

序言（Foreword）

2012 年秋天，我作为策展研究中心（Center for Curatorial Studies）的驻留艺术家，加入了纽约州北部巴德学院（Bard College）的教师队伍，为期一学期。

这一邀请唤起了我对 20 世纪 90 年代在纽约生活的回忆。当时我的几个朋友分别参加了国际上少数几个机构提供的硕士策展课程。当时，策展在很大程度上被认为是一项在博物馆和艺术机构中与展览制作相关的行政活动。我们嘲笑道：为什么策展人需要有硕士学位，这就像想象艺术家获得博士学位一样。有些策展人拥有艺术史博士学位，有些艺术家有 MFA 学位。策展领域中的硕士学位标志着潮流的转变。不仅是在策展领域，策展人和艺术家都开始理解研究、艺术创作和展览制作之间的关系，以及这些关系是如何介入艺术史的专业知识和特定媒介的艺术专业之间或之外的。

15 年后，我成为一名正在攻读博士学位的艺术家，并在巴德学院的策展研究中心为一群攻读硕士学位的策展人们授课。

嘲笑进入了一个循环。

现在，我在和别人谈论策展性时，受人之托书写策展性时，阅读其他人关于策展性"是"什么和策展性"不是"什么的文章时，不禁询问：我们是如何抵达这一境况的？在此，策展性被视为"如此重要"？真的如此重要吗？如何重要？对谁重要？策展性是一个条件吗？是一个工具吗？是一个领域，还是一个主题？它是如何在主张围绕策展的某些惯例的同时，又主张以"不同"的方式运作？关注"策展性"的策展人与不关注的策展人之间有什么区别？关注与否能体现策展人的好坏吗？

当我在想我们是如何抵达今天这一境况的时候，我其实是在问：这是我们想要的吗？

在伦敦大学金史密斯学院的这几年中，我不由自主地发誓永远不会给策展性下定义。我开始不知道对策展性进行研究会产生什么样的结果。我意识到这不会产生"更好的策展人"[1]。在仔细研究的过程之中，我谨慎地重新组合。研究的前提如下所示。

▶ 策展性需要独立于策展之外的探索。
▶ 策展性可能是也可能不是一个研究领域或一个学科。
▶ 策展性不是一个可以获得专业知识的领域或学科。
▶ 策展性以不同的方式进行生产，包括理论和实践。

而我现在要补充：

▶ 策展性是定性的；它本质上并不"好"。

为了说明这些观点，我开始思考策展性的一些方面，这些方面与"透明性"（transparency）的作用类似。我并不是说它们的意思是相同的，或是说策展性和透明性"一样"，而是想说，在两者之间建立一个短暂的类比是有用的，以便理解它们作为术语、修辞、描述和条件是如何发挥作用的。一个人不可能成为透明性方面的专家。它可能有意无意地发生，并且，不同的透明程度贯穿于不同关系之中，但只有那些具有一定程度的公开性的关系才会发生。（我们不希望在任何时候、任何关系中都保持透明。）透明性运作于局限性的官僚机构和制度之中，我们开始理解

---

[1] 加利特·埃拉特（Galit Eilat）在2006年我们最早的一次小组研讨会中明智地提出了这一警告：作为"策展/知识"（Curatorial / Knowledge）领域的研究人员，我们的目标不是要成为更好的策展人。

它与某些过程的关系。这就是问题的症结所在：透明度意味着道德维度，但并不对此进行保证。因此，如何"解读"其所依据的"主张"更为关键。当思考策展性时，这一点需要牢记于心。具体而言，我们可以开始理解策展性的关键操作取决于公开和多元，不可预测和不断发展的"行为"。

我们处于悬而未明（略有所知却不甚了解）之中，而这就是我想要开始的地方。

崛起（The rise up）

罗兰·巴特（Roland Barthes）在《与天使之争》（*The Struggle with The Angel*）中谈到起源时，将"崛起"描述为序列图式中的"一个简单的操作者"[1]。从结构上看，它可以很快被理解为：代表了"话语开始的时刻"（discourse gets underway）。这一开始，指涉事物被拾起的那一刻，而非事物的起源。

那么，这一开始不仅指涉时间或空间上的标记（起源），更意味着一个正在形成的过程。开始移动——他们将"已经存在的"（what is already）转向"将要变成的"（what will become），而且这种认识论/存在论的能动性（epistemological/existential agency）将开始与知识生产联系起来。知识生产不仅是"我们所知道的"，也是"我们如何知道的"方式——我们如何与知识互动。理解与知识生产的互动是如何随着实践而出现的，以及实践是如何进行的，如何影响在任何给定时间编排成知识的程序、方法、系统和机构的代码，对于理解策展性至关重要。

与其将策展性看作一种人们可以执行或占据、要求或主张的行为，我们可以更直白、更谦虚地把它看作一个初级的简单操作者（a simple operator for a beginning）。

交叉（Crossing over）

英文版《词与物》（*The Order of Things*）的开篇以福柯假设性的问题开始。如果具有推测、歪曲、古老的信仰和实践、错误、幼稚的概念及真实发现的经验知

---

1 Roland Barthes, 'The Struggle with the Angel: A Textual Analysis of Genesis 32: 22—32', in *Image Music Text*, trans. Stephen Heath (London: Fontana Press, 1977), p.129.

识（empirical knowledge）都遵守"某种知识准则"（the laws of a certain code of knowledge），该怎么办？[1] 以这个前提作为思考策展性知识的基础，即通过与策展性互动而进行的知识生产，我们如何解释展览中超出策展人话语和行动中所阐述的意图，以及策划之外的所有论述层面？思考的重点不是要在策展性内部将这些层次作为可追溯的"诸事件"进行清点，而是考虑我们如何得出不同的、潜在的、激进的知识表述（福柯所谓的"非正式知识"体系）。这些知识无法通过"策展行为"（act of curating）进行识别，更不用说将其归因于策展行为了。

我关注的是使策展性脱离策展人的专业工作。也就是说，将"策展性"（the curatorial）与"策展"（curating）分离开来。

我的部分理由出于战略考虑。首先，它通过既有的策展系统和结构（策展条件）将我们从定义策展性的讨论中解脱出来。其次，它将讨论从"策展工作"——策展人在（专业的、机构的、知识的）领域之中制定的方法、行政管理和活动——中转移出来，转向不涉及（或不包括）策展人的生产方式。因此，这种转变也是一种偏移。它有意地转移了当前的关注点，即关于"策展是什么"及"策展性指涉谁的工作"。这样我们就可以把"策展性"领域视为策展过程中所涉及的规范和模式的"他者"。

只要"分离"（在精神病学中）意味着通常相关过程的"功能性"分离（导致潜在的极端紊乱），我们可以承认，策展性"通常"与策展有关，即一种临近性存在，仅此而已。

他者（The other）

开始，"崛起"，往往自相矛盾地暗示着结局——一个目的地。正因如此，在这个悖论中，我们有时会设置一些问题，一些需要解决或实现的事情来帮助我们"看到"我们要去的地方——德里达将其称为"问题式霸权"——变相的"再中心化"（re-centrings）使我们确信我们走在正确的道路上。[2] 所以很多时候，当我们谈论策展性时，我们将讨论局限于展览的策划。牢记这一目的意味着什么？它是限制

1　Michel Foucault, *The Order of Things*, trans. Charles Ruas (London: Routledge, 2002), pp.ix—x.
2　让·保罗·马丁的思想对我非常有帮助，特别是他在关于雅克·德里达（Jacques Derrida）"送别"（Send-Offs）概念的研讨会上对策展性的表述。

还是方向？策展性的叙事是否会以展览作为最终呈现结果？

策展性的目的是什么？

当故事的主要目的（到达河对岸的安全地带）似乎取决于冗长的战斗时，巴特指出了雅各与天使的斗争中的一个开始。奇怪的是，目前尚不清楚，雅各的"对手"是谁。上帝？人类？陌生人？这一刻的模棱两可体现了其含义：在限制某人的未来时，会使其遇到他者。最重要的是，这次相遇是故事的一部分。它的模棱两可是数百年来学术研究的源泉。这是一种转移，是一种冲突，颠覆了文本的主导叙事，并且借助尚未解决/无法解决，打开了文本的多重阐释（引用巴特的话）。

开始（An example of beginning）

《宫娥》（*Las Meninas*）是一个开始，是一个从中间开始的开始。这幅画作为《词与物》的卷首，是其第一章的主题。艺术作品通过固有的视觉性传达出来。图像中的历史标记、相似之处、表现形式和姿态传达了一种叙事——我们对《宫娥》的了解。在"我们所知道的"（what we know）层面，我们的参与是被动的：艺术家是委拉斯贵兹（Diego Velázquez）。这幅画可以追溯到1656年。前景中的女孩是玛格丽塔公主。她站在人群中间。每个人物都有一个恰当的名字，赋予了这个场景一个历史的时间和地点——这是菲利普四世的宫廷。宫廷画家委拉斯贵兹在公主左侧的前景中占据了一个位置，从画布后面保持拿笔作画的姿势——画布的背面仅部分可见。他看着画框之外的一个点，公主也看向那一点。在这种集体注视下，场景扩大了，叙事开始发挥作用。这位艺术家正在创作一件艺术品，背景中的一面镜子映出了国王和他的妻子玛丽雅娜王后（Queen Margarita）的可辨认的形象。人们聚集在一起，观看国王和王后的肖像绘制。

场景扩大了——在"我们如何知道的"（how we know）层面上，我们与《宫娥》的接触加深了。这幅画的视觉结构使得即便不使用将《宫娥》确定为宫廷绘画的历史再现代码，任何观看者都可以追溯其视线，并推断出房间后面镜中之人是画家所描绘的主体。有意识地掩饰和暴露的技巧将我们引向"画面之外"的主体。对于福柯来说，这种技巧构成了绘画方式的改变——改变了组织艺术作品与观者、艺术家和主体之间的关系。这种技巧将我们引向某个主体的同时取代了所有主体。艺术家将目光聚焦于画布之外的某个地方。值得注意的是，我们的目光相遇了。随着这次相遇的即时性，我进入了其他人的视线范围——其他观众和其他主体。国王权威超越了再现，超越了所有的"主体"，分散到被无数他者占据的众多视角之中。

每一次向外的目光都会成倍增加。然而，"任何目光都不是稳定的，或者不如说，在正垂直地洞察画布的那个目光的空地中间，主体和客体、目击者和模特无止境地颠倒自己的角色"[1]。当我们考虑摆在我们面前的巨大画布时（不是物质上存在的画布，而是被再现的那张），我们进入了我们作为"目击者"的不稳定状态之中。意义的基础不再是"关于"绘画空间的，而是涉及《宫娥》中所包含的不稳定的人际关系。随着这种转变，视觉作为一种新的认识论出现了：一种参与知识生产的方式，承载着视觉再现的语言，但不仅限于可见的、可观察的，甚至是可表达的内容。我们通过《宫娥》进入的不确定性产生了一种视觉上的"知识"。它带来了一个空洞的"另一面"，这是无法被发现的或也不能被确定的。《宫娥》是一个开始。它占据了其他的历史、其他位置和其他正在产生的相遇。从根本上说，福柯将这些连续表现形式的认知痕迹称为"残渣"（residuum）——必然会打断在任何特定时刻发生的事情。

命名（Naming）

对于福柯而言，当我们试图调和语言和视觉之间作为认知方式出现的理论和物质差异时，我们就有可能失去那个"实现其辉煌的空间"[2]。当语言"解释"视觉时，视觉"抵消"了所说的内容。福柯将这一困难视为"言说的起点"。理论和实践通过在"无限关系"之中的共存而产生。这些依存关系穿越内部和外部、边缘和中心、可见及不可见之中。这些并不是说语言在图像面前是不足的或是不当的，而是我们对艺术作品"表达"的欲望将"某物"定位于图像之中。一旦我们命名了某物，我们就会改变它。也就是说，我们决定改变，改变框架之内的内容。

---

1 Foucault, *The Order of Things*, p.5. 参见［法］米歇尔·福柯著，《词与物》，莫伟民译，上海三联书店，2001年，第5—6页。——译者注

2 Foucault, *The Order of Things*, p.10. 参见［法］米歇尔·福柯著，《词与物》，莫伟民译，上海三联书店，2001年，第12页。——译者注

放下（The setting down）

在《与天使之争》中，巴特这样总结："至少对我来说，这构成一个问题，就是要设法不将文本简化成一个所指，无论它是什么（历史的、经济的、民俗的或宗教的），而是完全敞开它的'所指'。"[1]

在语言学中，"所指"是意义在接受者中的显现。对于巴特（引用克里斯蒂娃所说）而言，"所指"具有一定的创造性和超越的含义。如何在了解到策展性意义的那一刻保持策展性的"所指"开放？

回到策展性作为一个开始的简单操作者的想法上来，也许我们可以把展览的终点想象成一个简单的"放下"。这是一个放手的时刻，在放手的同时，也允许其他人接手这件事。汉娜·阿伦特（Hannah Arendt）曾撰写过一篇文章，她雄辩地论述了这些引导我们走向未来的活动。她提出了"行动"（action）概念，其中包括类似的放任和放手。行动是指个人通过言语或行为向世界传递某种东西，在此过程中，无法预测或决定其发展方向和演变方式。阿伦特不仅强调行动的必要"公开性"（publicness），而且强调行动的不可预测性。[2] 我们冒昧地将自己的言行举止公诸于世，因为我们认识到其他人会接受它们——滥用和重新利用它们，将"我"所做之事变成多元的——这种不可预测的行动本质也是其共同体。

当策展性进入机构实践的语汇中时，它的意义就超越了执行计划或生产最终呈现的策展工作，超越了策展人及潜在的方法论，重新思考将策展性与个人策展"行为"联系在一起的制度实践。思考通过策展性产生的激进的知识结构，就是要撤销它与策展的功能性、结构性关系——无论是作为一种潜在的方法论还是一种运作模式——这样我们就可以将策展性作为一种政治参与来处理，因为它以一种既不好也不坏的方式与知识生产联系在一起，但又是不可预测的，并且是难以管理的。

用巴特所说的无意识的语言，即"转喻逻辑"（metonymic logic），当我们着眼于所有似乎使我们朝着自我意识和更深刻理解的观念与理论时，策展性就隐藏在语境之中。实际上，我们目前的研究只是传播，而非事实。

---

1 Barthes, 'The Struggle with the Angel', p.141.
2 Hannah Arendt, *The Human Condition* (Chicago: University of Chicago Press, 1958), pp.175—246.

策展性的三个短镜头

多琳·门德（Doreen Mende）

盲目（Blinding）

策展性发生在一个矛盾的关系网络之中。当一个人身处这些矛盾之中，该如何思考这些矛盾呢？思考的切入点也许就是盲点（blind spot）：它是我们视网膜上的一个点；在这个点上，视神经阻止了我们的视觉行为。这种生理状态使我们人人平等（每个人都有一个盲点），然而它也使我们彼此区别开来（没有两个盲点是相同的）。盲点破坏了我们主体的统一性（突然间，并非一切都是可见的），但它通过（视觉）关系激活了我们的主体性。这并不意味着"你"和"我"、"此时"和"彼时"，或者"此处"和"别处"的配对不复存在，这仅仅意味着盲点充当了一个"之间"（in-between）、一个"和"（and）。它扰乱了同步的空间性和时间性（并不是所有的东西都在同一个空间和时间）。

盲点将我们置于策展性的竞技场，这个充满矛盾的同步世界。当策展帮助我们组织公共活动时，盲点的盲目效应使我们进入一个失去控制和方向之域（策展性）。正如让－吕克·戈达尔（Jean-Luc Godard）所说：

> ……图像永远不是图像，而是图像的矛盾。声音也是如此。好。我们回到人民内部的矛盾，体现在他们的代表权上。不，不是代表，而是表象。不是表演，而是斗争。[1]

1　Jean-Luc Godard, Le Gai Savoir, *Anouchka Films*, 1968/9.

因此，盲点的盲目效应与策展活动背道而驰，因为它是一种在不破坏或不移除任何展品的情况下，破坏展示内容的方式。这种盲目效果就像一个缺失的单词、电影帧间的黑条、文本中字母间的空白、单词声音间的沉默，或者分隔动作与其表现之间的不可估量的空间。这个令人眼花缭乱的"瞬间"不能被具体化、取代或再现出来，因为在曝光的瞬间，它逃避了曝光的创造性行为。这是一个"展示"还不存在，但正在形成的时刻。换句话说，这个让人眼花缭乱的"瞬间"，是一个探测并扰乱"意义"出现的条件的时刻。或者换一种说法，盲点是进入一组相互矛盾关系的一个切入点，而盲目的"瞬间"是一种危险，它打破了意义的管辖权。

抑制（Inhibiting）

几年来，我一直在研究"抑制"（inhibiting）这个词。这个术语既不作为模型，也不作为主题。我认为这是重新思考展示（exhibiting）的一个条件（或者说是一个有利因素）。它的使用是至关重要的，因为对我来说，它有助于质疑西方文化的范式，即总是对发现、分析和展示之物进行解释。换句话说，"抑制"有助于质疑主流意识在展览实践中的主导地位。这种质疑具有政治维度，因为"抑制"有助于打开异质实践形式与理论思维之间的关系，并展现文化差异的可能性。这并不意味着展示与抑制的对抗关系，两者既不斗争也不竞争，两者并不代表它们再现的对象。

展示和"抑制"作为具有不同出发点的一组接力而相互存在。与展示相反，"抑制"从一个非共同的基础开始，它既没有共同的语言也没有预先确定的知识。准确地说，它也没有历史。当谈到"抑制"时，历史以一种不确定的知识形式存在，慢慢沉淀于自身之中。这种积淀发生在公共机构中，没有任何形式的表达、档案或介绍。当谈到"抑制"时，文化在记忆的迷宫中移动。在策展性的领域，当展览具有重要意义并开始形成批判时，"抑制"会破坏其方法论的权利。

以这种方式，与体制批判（20世纪70年代）或机构分析的概念实践（20世纪90年代）形成对比，这种通过"抑制"来呈现的方法破坏了所有那些给人以安全印象的知识。它使我们从西方那种对物的迫切阐释之中解放出来，使我们面对自己思维的局限，也就是我们自己的异域性（foreignness）。

症状（Symptom）

一件作品被成功展示的前提是因为在这个过程中，它的"起源"被设法掩盖了，因此也开启了一个无穷无尽的"将来叙事"（narratives to come）。因此，对作品的任何阐释都只会失败，因为它实际上是一个缺失起源的症状。

西格蒙德·弗洛伊德（Sigmund Freud）将症状定义为压抑过程的成功。因此，一个症状坚持要被阐释，但同时，它又抵制任何形式的阐释。在某种程度上，一个症状有些像一个当代艺术展览的简明描述，尤其是在其经济语境之下。当艺术实践的审美表现形式抗拒阐释（其价值使其无法阐释），同时又坚持被分析（其价值需要解释）时，它的市场价值就增加了。症状具有生命：总是要重新创造，导致它成为一个事件而无法解释的起源。

在策展性领域，暴露总是处于危险之中，"起源"和"将来叙事"之间不可调和的关系可以被展现出来。然而，策展性并没有采用精神分析学所提出的一对一模式，而是选择了一种不同的模式。为了理解这一点，我想改变它的时空域（space-time registers）：当涉及策展性时，分析无法找到症状的起源；相反，这种症状发生在一种思想的转移之中——进入未来，进入一个陌生的空间。这种症状是通过一种位移实践发生的。就像雅克·德里达在《电视的回声书写》（*Echographies of Television*）中提出的那样，当"政治拓扑"结构表明从"起源"至"到达"的转变时，它就发生了。

> ……边界已经不再是边界了，图像在惯例之中流传，政治、地方以及"政治拓扑"之间的联系就因为它被"错位"了。[1]

策展性的目的并不是治愈一个症状（如寻找已经暴露之物的起源），而是强调"政治拓扑"，这种起源与到达或将来叙事之间的转变。因此，策展性不仅提供了利用潜在的可能性，而且还提供了利用在移位中发生创伤和损失的可能性。

---

[1] Jacques Derrida and Bernard Stiegler, *Echographies of Television: Jacques Derrida and Bernard Stiegler*, trans. Jennifer Bajorek (London: Polity Press, 2002), p.57.

我想成为我思想的见证

鲁佩什·西塔兰（Roopesh Sitharan）

我想成为我思想的见证者，试图记录我所看到的。哎，我是什么时候睁开眼睛的？我一直在努力地争论所有事情。在交稿日期临近时，我还是不知道该写什么和说什么……我不想用一些做作的词汇使我看起来聪明。哎，我到底在做什么？我将尽我最大的诚意遵循这样的事实，即我以自己的语言写作和思考，虽然这会让许多读者感到一头雾水。现在我似乎该把语言换成英语了……但是，为什么呢？突然间，我感到了沉重的负担：为什么我一再地说服自己背着这个负担——以迎合对方的方式来解放我的思想？我必须把我所想的东西（无论其形式）用语言（在这里是英语）表达出来，把我心中的想法传递出来。我在泰米尔语、马拉雅拉姆语和马来语之间摇摆不定，但这感觉却要用英语来讲述。我很苦恼……也很厌倦。厌倦了不断地把我不羁的想象（思考）以特定的方式限制，只愿把心中所想说给能够理解的人。

哦！我怎么能忘记我亲自用"语言"对语言造成的暴力呢。德里达（Derrida）的话再次萦绕在我的脑海。[1] 没有什么是不属于暴力的（如果我没有理解错的话，语言本身就是暴力）。我同意！我认输！我放弃！我投降！但是，如果是暴力使我无能为力，又让我无路可逃，我不妨拥抱、承认和表达这种暴力。我要反叛！我想表达暴力！我想在我的写作中实施暴力！我之前的风格处在舒适（或略微舒适）的位

1　Jacques Derrida, 'Violence and Metaphysics', in *Writing and Difference*, trans. Alan Bass (London: Routledge, 2001), p.132.

置，或者由于我用来见证思想的语言环境而感到沮丧。现在，我可能会意识到自己是故意选择用自己的母语写作，只是为了消除语言固有的暴力。我几乎没有什么自由感（或已经麻木了？），不是因为语言本身，而是因为盲目地接受了一种语言作为人类的通用语言。

当然，我肯定会有一种模糊不明的感觉，但不是困惑（如果你能认可这是一个"文本"，尽管无法理解我所写的一切），我在写作中明确地表现出了暴力。我之所以变得暴力，是因为我想在语言之间，在马来语和英语之间摇摆，在你能"理解"的东西（对某些人来说）和你"无法理解"的东西（对某些人来说）之间摇摆，甚至可能因为无法辨认符号（在此情况下，不认识拉丁字母）而毫无头绪（对其他人来说）。我的策略是将暴力为我所用。我在"我"和"他者"之间摇摆（在文本中的某些时刻，你在我眼里成为他者，而在其他时刻，我在你眼里成为他者）。现在，我希望你能感受到当我看一篇用西班牙语、法语或其他语言写就的文章时的我的感受。我能辨认出这些文字，我知道它们听起来会是什么样的（我可以闻到那里的空气，品尝那里的食物，体验那里的生活），但它对我来说仍然是陌生的。这种略有所知却不甚了解的感觉，不是因为我不认得这些符号，而是因为我无法明确它说的是什么。这是一种空虚的感觉吗？一种真空侵入了我！但尽管如此，这对我来说并不新鲜，也并不独特，我们都过着这种被侵入的生活。当我们交流时，当我们争论时，当我们在时空里彼此侵犯的时候，我已经忘记了这种暴力感，尤其是在自我暴露方面。有时坐下来思考几个小时也找不到解决方案，且不幸的是，它并没有就此结束。自从我开始了解世界以来，我一直感到沮丧，而且随着时间流逝，不确定性一直困扰着我。我被各种分类困扰，直到怀疑自己……但现在我意识到怀疑是其他因素的催化剂，是我寻找能量的来源。寻找世界一流的自我检查功能，不断检查各种虚拟场景，防止不了解自己。

我承认我有独特的对待自己的方式。办法不是（通过语言）为自己内在的暴力找到解决办法，而是通过改变我对这一持续挑战的看法和回应方式。问题是，这种暴力行为试图完全消除这一基本因素对自己产生的影响。

是时候换挡，继续向前了。没有什么是不属于语言的暴力的，因此，我们别无选择，只能拥抱它，忍受它。所有人无时无刻不在这样做——当我想到这一点时，惊觉这是一个恶性循环。但我无法忍受，我想要更多，需要更多。我不是在索求更多的暴力，而是在某种程度上，随着这种真空的侵入而见机行事——我企图通过这种形式的写作来体现一种暴力的形式。这是我所追求的一种特殊的"实践"，是一种变得富有成效的真空。这激发了"实践"而不是"认知"问题。试图实现从"谁"到"什么"，从"身份"到"主体性"的飞跃。我想施行一种特殊的暴力行为，让一些侵入与我的发声共存。语言在写作中的振荡（实现了这种真空）是支撑我实践的牵引力。我坚持认为，这种实践应该（且能够）仅能被实行，但不能被代表——从写作到实践。

因此，我现在很清楚自己正在尝试做什么——具有所有思考的力量。我也想保持这种尝试方法的真空。我之所以只能这样做，是因为我精通两种语言。但是请不要上当，这不是通过这种复述形式来观察语言流畅性的尝试。语言是恶毒的……无论其形状、外观或用途如何。对我（我们）而言，理解和使用其暴力行为比通过语言传达理解或意识形态更有用。我们充满了各种各样的意识形态——各种形式、形状和动机的人类。我在着手写这篇文章时是经过深思熟虑的。暴力并不只有一种实现手段，它可以通过很多手段实现。我可以自由地使用（任何）语言的句法和语法要求。我能够辨别这些语句是否通顺。我本可以选择用泰米尔语和/或马拉雅拉姆语（这两种语言都源于婆罗米文）来写这篇文章，但我只会说，不会读和写（我个人的真空）。我甚至可以选择简略地/潦草地进行我的表演，但我知道……我故意将这篇文章写成了作为一种实施暴力的周密方法的战略姿态。这绝不是在胡言乱语。

我试图去参与（而不是说明）自有我的理由。那就是实施将要作为真空而产生作用的暴力（而暴力只有在我参与于他者时才能出现）。要创造出一种空，能够强迫（做）——吸纳一切已知的来填补未知的空的行为。我在表演（与做相对抗），因为我可以读/写/说这两种语言。但对于那些不会的人来说，我相信真空会对他们（做）施行猛烈地侵入。知识的紧迫性迫使你在阐明未知的同时，也揭示了你所知道的极限。你挣扎着阅读，建立连接，融会贯通，甚至创造模式，这正是我想强加于你的东西……是的，你！我表演的读者！你可以勉强辨认出这些文字，可以清晰地发音，甚至可以大声地读出声来，但你永远都不会真正地了解！如果你不懂马来语，你就是完全无法了解！就像我无论如何努力也无法了解你一样。在这里我必须自信地说，我渴望组织和建立普遍团结（人类）——通过理解知识或规则来进行完善和融合。不幸的是，我仍然被孤立地包围着/被恐怖的头巾遮盖了通过与他人（而不是你自己）混合和团结来形成身体。我决定不将这种情况视为障碍，而是将其视为"促成"认知的行为。

但是不要以为这是另一种带来不同知识的阅读方式。我无意于传授或说明知识，而只是充当"使能"事件。什么、如何、何处，由你——读者决定……我只是在写作，暴力地制定所固有的知识（即非阅读、发音、重复）都可以以书面形式创造。

唠叨告一段落，我很清楚自己写作的目的。我的文章最终是一本论文集的一部分。我惧怕成为知识生产组织中的一部分。出于某种原因，我认为认知能够成为知识（恰恰是因为语言）。这也许是已经（正在/将要？）存在的组织。但是，我希望我的文章能够指出一些明显的漏洞。通常掩盖"是什么"（实践），以便不传达实际的知识事件，在这里被颠倒：去表现/体验，而不是专注于实际的写作行为本身（或者在你的情况下是阅读）。这种表现/体验的存在使得不了解的真空得以持续，这种真空使知识在我身上起作用（希望你也是如此）。

阅读马来语是很困难的，因为它与英语没有什么特定的连接。但是，我还必须明确指出，本文的目的不是为了分裂交流，而是造成思想碰撞，使人们了解知识。还有什么比策展性更能体现这种表现/体验的典范呢？我确实开始相信，策展性中的知识不在于被代表的东西，而在于使知识的"实践"（在未知的同时又被认知的表现/体验）成为可能的策展实践，不管被代表或表现的是什么——无论是策展人、观众、艺术家、艺术对象、展览、监视人等。真空在策展性中富有生机，并得到强化，因为"被认知"（being made known）成为了整个行为的对象。老实说，我知道，无论我声称自己了解多少（关于我所策展的东西）都不可能完全了解，而不了解是知识的重要组成部分。在我开始写这篇文章时，我能明显地感受到……

我是我思想的见证。

背叛与策展性:为策展委员会提供的证词

约书亚·西蒙(Joshua Simon)

主席女士、委员会成员、同行们、同事们、读者们:

如果你允许,我想在此向委员会发言。首先,宣布本次证词的主题。在这里被调查、被审判的是判断力。当策展性在本文中被辩论和讨论的时候,关于策展人的权威性、展览的作者权,以及更普遍的关于与艺术世界内外被规范的权力结构发生的、许多具有含糊不清的关系的问题就出现了。这些都是基于策展作为一种判断力的结构。而权威和判断力,主席女士和尊敬的委员会成员,也是你们的核心运作方式。考虑到此,我想在这里提出一个术语,它将彻底地改变利害关系,为策展——引申开来,即策展性——注入道德准则、法律、合法性和暴力。这个术语就是"背叛"(Betrayal)。

策展可以被视为一种由判断力组成的结构,因为它总体上是一种肯定的实践。它首先肯定了策展人的权威。通过"背叛",判断的过程和范式被重新评估和辩论。"背叛"被嵌入在由判断力组成的结构中,破坏了肯定性的策展模式。在此策展模式中,策展人根据其权威性和判断力来呈现事物。"背叛"在此时成为一种批判的形式。通过这种批判,它将我们矛盾地设置在一个结构中,并与之对立。

我在此提出的"背叛"的概念源于我作为策展人的实践和经验。这个概念并不是用来描述事件的术语,而是作用于、植根于内部,并驱动一系列关系的术语。"背叛"要求对判断力进行质疑。它要求对由判断力组成的结构采取行动:观者身份与作者身份、辩论与演绎、持续时间与在场状态、代表与展示、机构与意义。

图 2　特拉维夫罗斯柴尔德大道上安装的阿里尔·克莱纳（Ariel Kleiner）的断头台。刊登于以色列报纸 *Maariv* 的头版，特拉维夫，2011 年 8 月 11 日。摄影：沙哈夫·哈伯（Shaxaf Haber）

　　此外，"背叛"是超越了效忠协议的忠诚。它超越了既定的、我们的认知结构中熟知的对立面。它通过使新视域出现的方式来开放轨迹和关系。拥有这些新视域，我们就会调整自己，认知结构也会随之发生变化。

　　举一个明确界定了空间与时间的例子：展览。狭义上，展览的特点是停滞的时间长度。在停滞的作用下，展览将奇异性（singularity）概念化。它是一个从具体情况中产生概念性体系的过程。展览作为叙事的相对性（每个人在展览中所观察、体会到的思考或情感不尽相同），同时也存在着展览事件的关系性，在作品的不同作者、作品所连接的世界、空间和语境、策展的语法和观者带来的所有之间存在着脚本和非脚本的关系。想要理解策展性与展览的关系，一种方法是在陈列其本身中去寻找。

在"背叛"中,对潜在性的探索被实现了。换句话说,以"背叛"作为动力贯穿于策展性的过程中,展览之中的陈列使潜在性成为现实。当然,一个展览的意义从来都不是确定的,它的作者身份、它所承载的意义网络,以及它所呼吁的解读也不是确定的。展览作为一种同时具备观赏性和思索性的观看机制,实际上提供了一种广泛的审美体验。但由于"背叛"的存在,策展性使我们能够将那些陈列视为一个时刻和一种运动。这一刻(行动)开辟了新的轨迹、视野和痕迹,并赋予了可以让一切事物变成另一种模样的可能性。

"背叛"将行动变成表演。它使人明显地意识到,有一个被扮演的角色,有一个已经入戏的演员,有特异性与概括性,社会角色与社会演员,存在与再现。但这决不应该被看作鼓励把"背叛"理解为一种假装的行为。假装是种过分简单化的说法:只有一个角色、一名演员、一种特定性、一类存在。通过"背叛",策展性将写入展览剧本中的对立面一一上演,并超越它们,提出新的可能性。

主席女士,关于这一概念,需要我进一步阐述一下政治(politics)和政治性(the political)的关系。根据我的理解,我们在政见的范围内运转,但政治性必须不断地被发明、谋划和生产。政见的前景是,它有潜力不断地与其内部协议、结构和范式进行协商。然而,政见对许多人来说,已经成为日常生活的反面。特别是在所谓的民主政体下,政见已经成为一个狭隘的意义领域,与生活分离。我们都知道那句常见的"不要涉及政治"(仿佛在说这句话时你没有已经身处其中一样)。克劳德·勒福特(Claude Lefort)关于现代民主政体将政治与日常生活分离开来,从而容易走向极权主义的观点,为此提供了恰当的解释。当政见通过警治(policing)走向社会管理的时候,其具有的政治意义变得微弱了。因此,许多旨在直接处理政见的提案,都发现自己在政见之外被阐明,只能在别处寻求庇护。

策展性是这种政见中的"别处"的一部分,也就是公共政治领域。因此,策展性具有直接的政治潜力。从国家建设到社区赋权,甚至到粉饰金融犯罪,策展人在诸多不同的领域中起作用。然而,随着政见作为一个政治领域的衰落,策展性发现自身承载越来越多的直接针对政见的项目。策展性在更宽泛的表象美学经济中运作时提供了许多项目。这些项目不仅作为提案而实现,而且在政见领域的政治层面上发挥效用。

从业至今,我发现策展性提供了一个不同寻常的框架。在其中,不仅可以引出一个项目的政治维度,还可以激发其作为政见的潜力。主席女士,若你允许,我将把我到目前为止所讨论的关于"背叛"和策展性的内容定位。希望这能使我对于"背叛"(作为一种超越了效忠协议的忠诚)的解释更加清晰。此外,正如你可能已经观察到的,策展性在这里体现的是一种更广泛的经验,而不仅是单纯作为陈列对象的边界设置。正因如此,我也希望可以更好地说明我的(策展性使潜在性成为现实)想法。

与档案不同的是,策展性能够违背主办机构的逻辑,将被遗忘的历史重新呈现出来。但策展性这样做,与其说是潜力,不如说是潜在性的实际化,也就是潜力的开放。比如,一个展览可能会扭曲我们的历史,为我们的敌人的利益和目的而编辑,但他们不能毁灭它,不能把这段历史作为一个整体,通过归档和陈列把它变成自己的历史。潜在性与主办机构的逻辑背道而驰,通过展览为自己发声,不是作为一种替代方案,而是作为一种改变人们对自己历史认知的方式。

主席女士,若你允许,我将在此以我作为策展人的经历举例,说明一个被展出之物怎样使得不同的潜力得以显现。展览"后方"(The Rear)于2007年年底开幕。这是我受委托为首届赫尔兹利亚当代艺术双年展(Herzliya Biennial of Contemporary Art)策划的一个展览。展览包括离赫尔兹利亚当代艺术博物馆不远的位于郊区市中心的一个露天区域,属于大都会特拉维夫-雅法(Tel Aviv-Jaffa)的一部分。

作为露天展区的一部分,我们在市中心的一个路口安装了艺术家阿里尔·克莱纳(Ariel Kleiner)的作品。这件作品由一个真实尺寸的断头台组成,表现了艺术家对当时政权的具体政治态度的反对。展览开幕时,我们已经做好了准备,等待着市政府官员们对这件具有争议的作品提出质疑。

他们的反应出乎我们的意料。市政府官员们和普通民众对一件古代文物复制品的出现感到非常兴奋。人们纷纷用手机拍下了自己与作品的合影。对他们来说,这件作品似乎并没有引起人们对于民治的重构,仅是一个引人注目的景观而已。从政治角度来看,它就像是一个考古学展览。对于他们来说,这就是展览能够起到的作用。

几年后,克莱纳的作品再次出现。2011年,我们在特拉维夫的罗斯柴尔德大道上安装了克莱纳的真实尺寸的断头台。这一次,在现场安装好的几个小时后,这件作品突然被警方没收。第二天,该作品的图片出现在所有日报的头版头条,并在电视和电台的新闻节目中引起辩论。

在 2007 年至 2011 年发生的事情是，一件作品突然变成了一个理念。从历史的角度来看，它已成为积极的政治活动。但是，在这里，通过潜在性的实现，断头台突然唤起了我们知道我们不曾拥有的 —— 一个革命性的过去。

主席女士，委员会成员、同行们、同事们、读者们，这份证词不是作为语境和意义的示例，而只是作为间接证据。它作为我关于策展性和判断力的部分论证，也与这个法庭相关。我希望能将"背叛"确立为一种打破策展和判断力固有模式的范式。

第四章
异端（Heresies）

问题作用何在？微观政治与艺术教育
苏珊·凯利（Susan Kelly）

力所能及
诺拉·斯特恩菲尔德（Nora Sternfeld）

剩余乐趣的政治
瓦莱里亚·格拉齐亚诺（Valeria Graziano）

在这片混乱的曙光中,我开始构思一个想象界的战士(Warrior of the Imaginary)。他比其他人更具有远见,但只有在这种远见为他提供的愿景方面。他设想了战斗计划。他将自己的战争投射到愚蠢的范式上,在他违背既定角色的舞台上。他强迫自己成为一名工人、震教徒(Shakers)、侵扰者、争夺者、恐吓者、反叛者、流浪者、绿洲之外的游荡者、罪恶的播种者、证据的躲闪者、虚构的潜水者、未知的赞颂者——确定的终结者。他必须怀疑,放弃自己,并在自身的条件下编写不切实际的结局。最终,阴暗将至,微弱的光束将会变为团星,瞬息风云万变,所有预测都源自梦想迸发。想象界的战士,永远不会知道精神何时会摆脱这种投射。永远不会知道何时会触及鼓舞人心的成功。你将继续——离经叛道——为了发现其他可能,没有止境,也没有道德的羁绊。

年迈的战士告诉我:"……好,好,我终于在此找到了自己!"*

——帕特里克·夏莫瓦佐(Patrick Chamoiseau)

Patrick Chamoiseau, *Écrire en pays dominé* (Paris: Gallimard, 1997), pp.301—310.

问题作用何在？微观政治与艺术教育

苏珊·凯利（Susan Kelly）

问题催生意义。它们为提出问题后的瞬间赋予了意义。因为无论被问者说什么或做什么，这一刻几乎总会被解读为回应。回答、保持沉默、转移话题或逃避都被解读为对问题和提问者的示意或回复。在提问后的被赋予意义的时刻，或许能让人理解为何保持沉默的权利在法律上是如此重要。因为这种在问题被提出后，（被提问者的）沉默的无意义能够禁止人们随意解读。因此，很显然，问题包含着某种力，这种力必须加以规范，因为它在如此有力地提出问题后，会在提问的瞬间进行框定和刻印。问题无疑产生了某种东西——即使这种东西不是我们所能准确说明的。策展和教育领域充满了"问题"。现如今，以下言论已近乎陈词滥调：提出问题比给出答案更有趣；展览作为主张而不是解决方案；教育的目的是帮助学生们提出自己的问题，而不是用固有的答案来填充他们的大脑。但这些问题都是如何发挥作用的？它们的力是什么？那些操作模式又是如何产生不同种类知识的呢？

在科学界，当一个问题得到解答或找到解决问题的办法时，问题就会变得多余。相比之下，在哲学中常有人声称质疑是作为一种程序起作用的。它不仅构建了一条通向消除问题的解决办法的途径，而且还构建了一种通向被质疑事物的变化的、也许是批判性的关系。海德格尔（Heidegger）认为，这种哲学质询的程序为被质疑的事物提供了一种"自由关系"[1]。然而，阿多诺（Adorno）谈到了问题在科

---

1 Martin Heidegger, *Being and Time,* trans. John Macquarrie and Edward Robinson (Oxford: Blackwell, 1967), p.16.

学与哲学中分量的不同。他认为，与科学不同，"哲学不知道问题和答案有什么固定次序。哲学的问题必须靠哲学的经验来形成，所以要去把握这种经验。哲学的答案不是既定的，不是做出的，不是制定的"[1]。问题不只是一个话语的框架，也不只是一个探究或某种行动的启动点，而可以被理解为一种能够梳理经验和知识的类别，并将其相结合的力。如果我们把阿多诺对问题的描述从哲学的独立领域中抽离出来，进入围绕着艺术教育和策展实践的更广泛的批判论述中，问题是如何梳理经验和知识之间的关系？塑造那些问题的经验是否可以被简单地理解为个体性或内在的社会性？

在过去的10多年里，艺术领域对艺术教育、教学方法和艺术院校的体制越来越感兴趣。对于那些在艺术院校任教，并尝试塑造课程，以及支持社会空间的人来说，这些行为构成了机构的经常性失控。因此，试图弄清楚策展人和批评家们想从艺术院校中学到什么，以及他们在"教育转向"（educational turn）中提出了什么问题是非常有趣的。在此期间，许多论文被发表，许多会议被举行，许多展览被策划，许多研讨会被召开，许多艺术作品被制作，许多项目被完成。然而，在许多情况下，对艺术院校和教育的质疑被作为一个独立的主题，作为艺术界的另一个被玩弄、吞没和回味的主题。博物馆中的教育部门很少（如果有的话）参与其中。而且这些辩论很少涉及、接触或影响到现有艺术院校和大学艺术系内部的讨论和斗争。在这些艺术院校里，日常的压力和对管理至上主义不断增强的政权的投降、高等教育的完全市场化，以及继而征收的高昂学费，意味着至少在大多数英国艺术院校里，这些辩论都无人理会或被认为是无关紧要的。除了学生们的独立项目、讲座、短期课程之外，艺术界内关于艺术院校的争论仍然与在这些教育机构中发生的微观和宏观政治斗争脱节。与许多在艺术课程期间进行的批判性研究研讨会不同的是，在艺术界中产生的主题性讨论，在结构上和政治上都与艺术教育的日常实际和情景想象，以及任何可能会重新形成问题的经验隔绝。

在最近对伦敦的一次访问中，阿根廷艺术团体"集体情境"（Colectivo Situaciones）做出了一些观察，并引起了人们的关注。他们认为，在学术界和更广泛的公共和政治话语中，"社会意义上建构的问题越来越多地被视为'主题'，我

---

[1] Theodor W. Adorno, *Negative Dialectics*, trans. E. B. Ashton (London: Routledge, 1990), p.63。参见［德］特奥多·阿多诺著，《否定的辩证法》，张峰译，重庆出版社，1993年，第59页。——译者注

们必须在这些主题面前为自己找到定位"[1]。将问题分配给专有名称的研究项目，将其私有化，并以同意、不同意、修改等独特立场出现在公众面前。在艺术团体"集体情境"看来，这种趋势的结果之一是，"我们今天面临着一个悖论，即在政治话语大量涌现的同时，我们却助长了社会领域和语言的去政治化"[2]。在提出这些观点时，"集体情境"并不渴求言论的真实性，而是暗示我们提出的问题受到阻拦的方式，并以某种方式脱离了它们可能在其中形成的社会领域和想象。他们认为，我们迫切需要跨过这个僵局。在这个僵局中，我们的问题和表达已经"不再意味着集体想象力的开放……"[3]说到这里，我不认为"集体情境"仅仅是在排演一场使人厌倦的理论与实践的争论，这种争论往往会把那些"想"的人与"做"的人对立起来，或者是简单地把理论即实践、实践即理论混为一谈。相反，他们指出的是具体的宏观和微观政治手段。这些手段掌管、分析、分裂和阻止我们的话语在今天产生更广泛的社会影响。知识与经验、内容与结果的分离，将这些话语封闭在保罗·维尔诺（Paolo Virno）指出的"没有公共领域的公共性"（publicness without a public sphere）之中。[4]

迄今为止，很多讨论都是关于英国大学教育的宏观政治局面和斗争。[5]在本文中，我将集中关注这些斗争的微观政治层面：艺术学院作为微观政治冲突的场所，被建构的集体问题在其中努力地寻找一种公共形式。受苏·罗尼克（Suely Rolnik）、菲利克斯·伽塔利（Félix Guattari）和米歇尔·福柯（Michel Foucault）的启发，我

---

[1] Colectivo Situaciones, 'Disquiet in the Impasse', 本文发表于 *Micropolitics Studies in Transversality I: Militant Research* 研讨会，伦敦大学金史密斯学院，2009年10月，Mara Ferreri, Esther Gabara 和 Valeria Graziano 译。本文的西班牙语版本刊登于 *Conversations on the Impasse: Political Dilemmas of the Present*, Buenos Aires: Tinta Limón, 2009年，源自 Colectivo Situaciones 与 Suely Rolnik, León Rozitchner, Sandro Mezzadra, Raquel Gutiérrez Aguilar, Peter Pál Pelbart, Santiago López Petit, Michael Hardt 和 Arturo Escobar 之间的对话。

[2] Colectivo Situaciones, 'Disquiet in the Impasse', London, October 2009.

[3] Colectivo Situaciones, 'Disquiet in the Impasse', London, October 2009.

[4] Paolo Virno, *The Grammar of the Multitude: For an Analysis of Contemporary Forms of Life*, trans. Isabella Bertoletti, James Cascaito and Andrea Casson (Los Angeles: Semiotext(e), 2004), pp.40—42。参见［意］保罗·维尔诺著，《诸众的语法：当代生活方式的分析》，董必成译，商务印书馆，2017年，第48—50页。——译者注

[5] 参见 Des Freedman and Michael Baily, eds, *The Assault on Universities: A Manifesto for Resistance* (London: Pluto Press, 2011) 或者 Stefan Collini, *What Are Universities For?* (London: Penguin, 2012).

将微观政治学理解为与主体性生产相关的精神、情感和社会过程。微观政治学也可以描述为管治、规训和控制的技术，这些技术能够生产和动员如今的新自由主义宏观政治运作中的主体。伽塔利提醒我们关于福柯的核心见解："没有权力的人就不会行使权力，通过赋予无权者权力，权力通过被赋权者传递，权力对他们施加压力，就像他们在反抗权力的斗争中抵制权力对他们的控制一样。"[1] 福柯提出，所有的政治转型都涉及核心的主体化过程。权力不应被理解为只是源自于上层的东西，而是通过我们的身体和生命重新生产的东西。毛里齐奥·拉扎拉托（Maurizio Lazzarato）认为，当代新自由主义统治的当代形式和认知资本的管理体制使得微观政治的领域变成更亟须解决的问题。拉扎拉托以当代劳动形式和"人力资本"（human capital）的调用在主体中产生的矛盾为例，认为当代劳动者出卖自己的劳动力（如每个受薪资关系束缚的劳动者一样被剥削），但同时又成为剥削他们的资本所有者。他认为，我们被剥削的同时又"享受"这种剥削。[2] 复杂的治理方法和个体化进程在主体内部产生了深层矛盾。如果我们把教育机构的部分任务理解为以当代劳动形式为主体的生产，如果我们把教育过程更广泛地理解为知识和主体性生产的实验室，那么，这些自相矛盾的进程又是怎样在艺术学院中显现的呢？

我先简单分享一些艺术学院的趣闻逸事。几年前，一个即将开学的大一新生在开学前一周打电话给我，问她是否可以缺席本学期的前三周去弗瑞兹艺博会（Frieze Art Fair）无偿实习。同年晚些时候，一个二年级的学生（他曾创作出我见过的最有创意的作品之一）告诉我，他已经好几个月没做什么事，也没创作什么东西了。每当他有了一个想法或出发点，他都会以各种理论上、哲学上和实践上的理由来说服自己放弃。他的摇摆不定是极其吸引人的，但他每年至少有一半时间在与这种惰性和压抑的情绪做斗争。去年，在一轮强制性的官僚主义的学生反馈中，我注意到有很多关于学生所学课程的具体评语（"是否可以在图书馆里多放几本书的复印版""本来想多读点康德的书"等），但除了通常的抱怨工作室水槽堵塞之类的评语，他们对工作室的实践教学没有什么质疑。我问一个学生为什么会这样，她回答："嗯……我们艺术工作室的工作其实只与学生自己有关——如果作品不好

---

1 Félix Guattari, 'The Guattari Reader', in *The Guattari Reader*, ed. Gary Genesko (Oxford: Blackwell, 1996), p.177.

2 Erin Manning and Brian Massumi, 'Grasping the Political in the Event: Interview with Maurizio Lazzarato', *Inflexions 3* (2009). www.senselab.ca/inflexions/ Accessed 10 March 2012.

的话只能怪我们自己。"我忽然觉得自己处于一种莫名其妙的、强加的权力地位。难道这就是"以学生为中心的学习"实际产生的效果吗?(这种主张中塑造的)那种出色的,充满了野心、主动性和好奇心的艺术生,是将绝对责任内在化的、沮丧和懒惰的学生吗?这些教育经历中所体现的悖论——利用了自由和自主的承诺的悖论,正在产生越来越多、越来越可怕的精神压力。

在《工作的灵魂》(*The Soul at Work*)一书中,弗朗科·贝拉尔迪(Franco Berardi)认为,抑郁症本质上是一种责任感的病态。他认为,抑郁症患者难担重任,"他们已经厌倦于必须成为自己"[1]。因此,抑郁症不应被理解为一种个人化的疾病,也不是无法成为像那些成功企业家一样自律主体的个人失败,而应被理解为一种当代知识的形式。把这些自主的经验和抑郁的循环看作知识的形式,是理解教育机构微观政治功能的核心。正如许多教职员工在这些机构中所经历的巨大压力、精疲力竭和情绪波动一样,这些惰性和压抑的周期能够告诉我们这些机构的治理形式的阴险之处,以及权力在这些地方投资主体性生产的方式。今天,关注和分析这些机构和更广泛的艺术教育领域的微观政治层面,对于任何批判性的参与都是至关重要的。在这种情况下,关键是要产生一种分析形式。该分析在通过离散的主题和思想理解的理论知识与对日常主观经验的情景式分析之间来回流动。因为这样的分析可能会使我们认识到并至少局部地解开教育过程中连接了主体性的生产投入与欲望,去拓宽制度的、智力的、公众的及政治的斗争。

艺术团体"集体情境"在探索学术研究和激进行动主义的局限性时,介绍了西班牙词语"经验"("experience")。该词取自 20 世纪 70 年代拉丁美洲的激进教学法实践。这个词在英语中有两种释义:第一,"经验"(experience),即知识的积累;第二,"实验"(experiment),即实践。[2] 以这种方式将知识/经验和实验结合在一起,旨在停止将知识作为主题的割裂,坚持在知识和实践之间建立更具体的联系和承接。这种"经验"("experience")可能涉及教育、机构和结构性的各种实验,与分析相关联,不仅分析了所述的内容,而且还吸收了在特定情境中发挥的力量,

---

1 Franco 'Bifo' Berardi, *The Soul At Work: From Alienation to Autonomy*, trans. Francesca Cadel and Guiseppina Mecchia (Los Angeles, Semiotext(e), 2009), p.23.

2 有关此术语的翻译和使用的讨论,参见 Nate Holdren and Sebastian Touza, 'Introduction to Colectivo Situaciones', in *Ephemera, Theory & Politics in Organization* 5, No. 4 (2005): pp.595—601。此外,参与式行动研究的从业人员也经常使用该术语。

以便追踪和实验工作中的主观和情感条件。

　　至关重要的是，这种"经验"也会引发本文开头所揭示的"问题"的构成维度。问题的这一构成维度所涉及的"构成性强力"（constituent power）的概念往往与权力一词的拉丁文词根"potencia"联系在一起。"potencia"是强力的动态、构成维度，是做某事的强力、气势或实力，而"poder"则是在政治代表权和政府的主导制度中，构成性力量的静态维度。作为构成力量的问题将变得容易受到未知因素的影响，也容易受到偶然的集体过程、主题、状况和事件的复杂性的影响。与私有化的个人研究项目不同，在这种情况下，问题经常支持并捍卫已经制定、决定和达成的共识，而构成性问题将在试图管理、分析和阻止其权力的机构和政治力量的作用下进行公开实验。

　　在激烈的新自由主义转型条件下，关于艺术与教育之间关系的构成性问题，将在大学混乱的争论场所（职业、公开会议等）中产生实验和分析，而不是在一个新自由主义文化机构中的另一个关于艺术与教育的小组讨论中重申。

　　于是，关于问题的两种可能的政见就出现了：一种是解释、演绎的政治，即生产离散主题的政治，以保持话语框架、主体性、政治和制度力量的完整；另一种是经验/实验政治，通过在复杂的生产现场处理权力问题的实践，激发主体力量、强度和悖论。

　　通过经验/实验政治产生的构成性问题将参与到既定情境的力量游戏之中，将知识与经验、内容与结果联系起来。这些问题的力量和能力的建立，使这些问题在争论的场所发挥作用，拒绝了话语的去政治化，拒绝了新自由主义的制度主体和治理的新制度。相反，这些问题构成了"经验"。在其中，概念获得权力，并使塑造新的想象、斗争和社会视野成为可能。

力所能及

诺拉·斯特恩菲尔德（Nora Sternfeld）

迄今为止，许多讨论都是关于策展如何构建权力和知识之间的联系。在过去的几年里，策展项目越来越被视为具有干预现有权力关系潜力的话语空间。哲学理念如何支持这些策展实践呢？除了一些后结构主义概念化的例子，我想了解在解构主义的帮助下进行策展的目的，跨越强大的分歧鸿沟并改变可见、可做和可言的内容。

图3 "无为"（Not Doing Everything），海报，布宜诺斯艾利斯，2004年，阿根廷艺术团体 etcetera。摄影：etcetera

后殖民理论家佳亚特里·斯皮瓦克（Gayatri Spivak）在《再论权力/知识》（*More on Power/Knowledge*）[1]一文中透过德里达（Derrida）来阅读福柯（Foucault），这使我们理解了"savoir"与"pouvoir"这两个法语单词的含义，即权力和知识。它们不仅是强大的名词，也是动词。"savoir"意思是"知道如何做某事"；"pouvoir"作为一个动词，意思是"能够做成某事"。就像"savoir"和"pouvoir"一样，斯皮瓦克把这两个词连接起来。正是在这个意义上，她把福柯的"savoir"和"pouvoir"重新解读为"力所能及"（being able to do something）。这种解读为策展能动性（curatorial agency）提供了一个视角。虽然，在具有反身性的博物馆学中，"展览复合体"（exhibitionary complex）已经根据权力和知识被理论化了，但我建议与斯皮瓦克一起，将策展作为一种能够改变事物的理论实践和实践理论。

更具体地说，自20世纪60年代以来，再现（representation）受到越来越多的质疑，不仅是在艺术领域（特别是体制批判），也出现在理论领域（特别是在文化研究、后殖民主义和后结构主义理论）和行动主义（特别是在后认同主义的社会运动）之中。新博物馆学将博物馆概念化为一个充满暴力、经济、规训和警治的空间。再现批判（representational critique）成为观念艺术实践、策展方法和行动拓展（activist reclamations）的重要引擎。让我们思考一下全部的艺术策略，如过程化、非物质化和机构批判，所有这些都是反对再现模式的。几十年后的今天，我们可以发现这些艺术策略又回到了再现化、典范化和非政治化的全球当代艺术博物馆之中。这种机构批判的制度化也许就是导致"内部再现"和"外部反再现"的简单二分法变得难以为继的原因之一。

正是在这一时刻，斯皮瓦克的重新阅读变得富有意义。如果我们认为策展超越再现作为"力所能及"，那么它涉及创造自身的过程——不再将展览作为展示具有价值之物和再现客观价值之域，而是作为策展行动的空间，使意外的遭遇和话语成为可能。因此，选择立场（尽管这可能是无法计划的）似乎比精确地制订计划更重要。杰拉尔德·劳尼格（Gerald Raunig）将这种处于权力和知识关系核心的潜能描述为"创制实践"（instituant practices）。他写道："有必要进行激进的社会批判实践，但又不能幻想自己与制度之间的距离。与此同时，那些自我批判的做法，却不拘泥于他们自己的参与、他们的同谋、他们在艺术领域被囚禁的存在、

1　Gayatri Spivak, *Outside in The Teaching Machine* (London: Routledge, 1993), p.34.

他们对制度和自身存在制度的执着。"¹ 从这个角度来看，策展成为一种政治和知识实践，正如奥利弗·马夏特（Oliver Marchart）提到安东尼奥·葛兰西（Antonio Gramsci）时所言，这是一项有机的智力组织任务。² 因此，它代表后再现性（post-representational）和后戏剧性（post-dramatic）：不是展示或再现某物，而是确保事件发生。³

此外，正如詹姆斯·克利福德（James Clifford）和玛丽·路易斯·普拉特（Mary Louise Pratt）所指出的，展览可以被理解为共享的社会空间，不同的参与者聚集在一起并采取行动。这个接触地带（contact zone）的概念基于偶然性和过程性。它是一个谈判的空间，其中的词与物的意义不是固定的，而是始终开放的讨论。再现被过程所取代；策展超越了再现客观价值和展示具有价值之物，它意味着能动性、意外的相遇和话语的检视。然而，在协作讨论中，必须考虑参与者之间的不对称关系。因此，正如克利福德所指出的那样，目标不应该是一种"可能导致最终意见一致的互让，一种可以消除分歧与矛盾的团结，即联系关系持续的权力失衡"⁴。相应地，后再现性策展为谈判创造了空间，在看似对称的关系中公开处理矛盾。这也可能涉及冲突，正如克利福德提到的，接触地带作为冲突地带，两者都表明了批判性策展作为一种能动性，不仅具有过程性，而且具有潜在的冲突性。

一个决定性的"也许"（A decided 'perhaps'）

考虑到无法组织对抗的事实，奥利弗·马夏特将策展职能定义为"冲突的组织"（the organization of conflict）。⁵ 所以，我们非常容易地认为策展能够创造政治局势。但策展如何才能成为一个事件发生之地呢？也许它可以解决矛盾，组织谈判

1　Gerald Raunig, 'Instituent Practices, Fleeing, Instituting, Transforming', in *Transversal Webjournal* 1 (2006). http://eipcp.net/transversal/0106/raunig/en Accessed 13 July 2012.

2　Oliver Marchart, 'The Curatorial Function, Organizing the Exposition', in *Curating Critique*, ed. Dorothee Richter and Barnaby Drabble (Frankfurt am Main: Revolver, 2007), pp.164—170.

3　我与策展人路易莎·齐亚娅（Luisa Ziaja）和娜塔莎·派特里辛·巴彻莱兹（Nataša Petrešin-Bachelez），以及政治理论家奥利弗·马夏特（Oliver Marchart）合著的文章《展览之后？》（*What comes after the Show?*）旨在探讨再现之后的艺术和政治的过程和策略。

4　James Clifford, *Routes: Travel, and Translation in the Late Twentieth Century* (Harvard: Harvard University Press, 1997), p.193.

5　Marchart, 'The Curatorial Function, Organizing the Ex/position', pp.164—170.

和行动的空间。对于雅克·德里达（Jacques Derrida）来说，不可能是关于可能的可能性条件（the impossible is the condition of possibility of the possible）。在后再现策展的语境下，这可能表明在其非常不可控制的维度存在着一种能动性。因为当只考虑必要之事时，改变是不可能发生的。因此，德里达在他的哲学话语中收集了这些"也许"（perhaps）："我不会说这种不可能的想法可能，而另一种对可能的思考是必要性思考，正如我在其他地方也试图证明的那样，对尼采所说的'也许'（perhaps）的思考，以及对哲学一直试图征服的'也许'的思考。没有'也许'的经验，也就意味着与即将到来的事件无关。"[1]

反身性（A question mark within）

2004年，在布宜诺斯艾利斯举行的一次示威中，一个标语牌上的问号标志着双重意义上的矛盾。作为一种表达团结的不服从行为，作为一种城市社会的展演，问号标志把我们的立场转变成了一种反身性（reflexivity）的立场。问号可能会添加到演示的要求中，并使其不完整且可协商（同样的效果是通过添加艺术团队等到任何艺术家的名单）。然而，这种形式的反身性的前提是艺术家们正处于演示的过程之中。这种批评和质疑的形式只能在论证的最后阶段才能真正形成。

因此，矛盾在双重意义上意味着：作为对既有条件的反对形式，作为对话语和机构，乃至整个社会内部存在批判性立场可能性的反身性讨论。让我们称其——参考斯皮瓦克对福柯的解读——批判能动性的立场。

批判能动性（Critical agency）

批判能动性无视"好"与"坏"的二分法，而是要求"内在的差异"，以及仍然能够采取行动意味着什么。在这个过程中，以前编纂的行动空间突然开放，话语和实践成为价值编码的工具和反驳形式的涌现：与既有阐释权力的矛盾。

与在政治上采取立场的必要性一同而来的是，我们无法获知在认知层面是否正

---

[1] Jacques Derrida, 'The Future of the Profession or the Unconditional University', in *Deconstructing Derrida*, ed. Peter Pericles Trifonas and Michael A. Peters, trans. Peggy Kamuf (London: Macmillan, 2005), p.22.

确。这种情况产生了一种不可能的模式：带有限定性的"也许"，一种我们必须假设的暂时的悬置，不是武断的，而是作为决策本身的组成部分。关于询问"被决定的也许"（decided perhaps）概念对策展有什么影响，德里达指出："如果我所说的这种不可能，有一天到来，我将让你们去想象后果，尽快思考，因为你不知道等待你的是什么。"[1]

1　Derrida, 'The Future of the Profession or the Unconditional University', p.24.

剩余乐趣的政治

瓦莱里亚·格拉齐亚诺(Valeria Graziano)

> 正是这种抵抗奠定了"研究员-战斗分子"(researcher-militant)的形象。他们追求的是从那些次级知识的力量(潜力)开始,进行理论和实践工作,以共创一种替代社交性的知识与模式。
>
> ——集体情境(Colectivo Situaciones)[1]

尽管对各种情境、介入、事件或议程进行组织是一项琐碎的任务,但风险很高。危险地靠近微观管理和生物治理,策展在微观政治上的重要性,使得一种特定的社会合作模式形成——专注于由人构成的社会合作[2],并通过特定的机构和流程得以塑造。我想把关注点聚焦于艺术、教育、政治和文化场合的格式化层面。因为,除却它们涉及的特定场合和话题,用外行分析的术语来说,它们的作用是在本质上营造了社会性氛围。

我并不是要把"社会性"(sociability)作为下一个关键词。关键词扼杀思想,而非推动思想。与所有抽象事物一样,这个概念一有机会就会被用来抵制。然而,这个词的历史很有趣,每当人们不是出于需求、胁迫、约定或某种相互关系,而是

---

[1] Colectivo Situaciones, *On the Researcher-Militant*, September 2003, http://eipcp.net/transversal/0406/colectivosituaciones/en. Accessed 20 August 2012.

[2] Ian Hacking, *Making Up People, London Review of Books* 28, No. 16 (17 August 2006): pp.23—26.

谋求某种形式、政治或可能性的联合时，它就会在话语中重新出现。

在字典中记载"社会性"一词可追溯到5世纪的法国。显然，第一个使用该术语的作者是18世纪瑞士新教徒哲学家查尔斯·邦内（Charles Bonnet），他声称，"人是一种社会性的存在，其主要机能中有不少都是直接针对社会生存的"。

这很明显地引用了托马斯·阿奎纳（Thomas Aquinas）著名的"人天生是政治的，也因此是社会的动物"。然而，根据汉娜·阿伦特（Hanna Arendt）所言，阿奎纳的版本也是一个误译。对她来说，亚里士多德（Aristotle）最初的引证实意是："人天生是政治动物，尽管也是社会动物。"但或许我们不应对此过于关注，因为正如米歇尔·福柯（Michel Foucault）所言，"人已不再是亚里士多德眼中的，一种额外具有政治生存能力的生物；现代人是这样一种动物，其政治使他的生存受到质疑"。[1]

"社会"经常被用在文化术语中，以一种更温和的方式（社会参与实践、社会干预、社会事件等）来解决政治领域的问题。鉴于这两者的区别长久以来都很模糊，承认文化习俗的"社会性"含义可能是一种良性的变化。主要原因是，社会性的层面与政治性的层面不一样。隶属于国际理性教育联盟（International League for Rational Education）的法国社会主义者尤金·弗尼尔（Eugene Fournière）认为，社会向更公正的方向发展包括3个方面：政治层面，努力走向民主；经济层面，努力走向共产主义；文化层面，努力走向社会。[2] 尽管我们可以不赞同弗尼尔的改革主义，但他所传达的内容似乎为当今许多进步的政治和文化举措指明了方向。然而，社会性并不等同于政治性，不同的社会性必然包含不同的政治性。

将要策划的"事件"是什么并不重要，它可能是一个节日或一场活动、一个展览或一个系列、一个回顾展或一个工作坊、一场介入或一组课程。主题、主体、隐喻、所关注的问题或提议是什么也无关紧要。一旦开始，就不需要介意"事件"持续的时间。或者，所有这些因素及生产、评估、可持续性、流通、结果和评估的许多其他条件都非常重要。但是所有这些事情都可以很"重要"，意味着它们可以在物质上实现，因为它们在一定程度上是根据生产和社会再生产的惯常模式发生的。人们在闲暇时从事文化活动（不管这意味着什么，它通常是无偿的），这就提出了

---

[1] Michel Foucault, *History of Sexuality I: The Will to Knowledge*, trans. Robert Hurley (London: Penguin, 1998), p.143.

[2] 有时，尤金·弗尼尔（Eugene Fournière）也称其为"社交性"（sociality）。

一系列关于在此期间应该发生什么的极其严重的问题。

谈话的艺术（The art of conversation）

社会性首先通过德国理论家弗里德里希·施莱尔马赫（Friedrich D. E. Schleiermacher）和格奥尔格·齐美尔（Georg Simmel）的著作进入理论界。尽管相隔近一个世纪，但这两位学者以一种惊人相似的方式构思了社会性。社会性使他们都能处理与他人的相处，这可以被视为家庭和职业生活所提供的有限关系的一种替代。他们发现，两个领域在社会层面都不尽如人意，因为其只允许与有限数量的人进行互动，而这些人承担的一系列角色都是预先确定的。相反，社会性是社会的"游戏形式"，描述了被共同生活条件所诱惑的道德能力，以及体验"个人相互依赖的互动"的乐趣。[1]因此，两位学者都赞同社会性是所有社会行动的条件，也是目标。在社交情境中，我们可以了解各种各样的生活形式和它们的"独特性"。不必遵循精确的规则，我们可以成为自己的立法者，完全基于我们的"个性"玩一场互动的"社交游戏"，因为"无须集体执行任何确定的活动，无须共同实现任何作品，无须系统地获取任何知识"[2]。嬉戏式的社交性提供了一个世界。在这里，"无争议的平等民主是可能的"，是一个"人造的世界，由那些放弃了生活之中强度和广度的客观和纯粹个人特征的存在构成"[3]。

迄今为止，"这个世界"运转良好。但是，当我们思考这种社会行为的概念时，我们应该设想什么样的实际生活情景呢？什么样的实践能让人联想到社交性的概念呢？

尽管施莱尔马赫和齐美尔都是在抽象思辨的层面上论述，探寻能够捕捉到微妙平衡的普遍规则，从而保持社会交往，但他们的思想必须建立在更为普遍和实际的

1　Georg Simmel, 'Sociology of Sociability', in *American Journal of Sociology* 55, No. 3 (November 1949): pp.254—261。格奥尔格·齐美尔（Georg Simmel）在第一届德国社会学大会（1910年）上发表了《社会性的社会学》（*Sociology of Sociability*）一文，并在1917年稍作修改后再次发表了同一篇文章，标题为《陶然自得：论纯粹或形式社会学》（*Die Geselligkeit. Beispiel der reinen oder formalen Soziologie*）。

2　Friedrich Schleiermacher, *Essay on a Theory of Social Behavior*, trans. and ed. Peter Folley (London: Edwin Mellen Press Ltd, 2006), p.130.

3　Simmel, 'Sociology of Sociability', p.124.

日常生活经验之上。因此，我们有必要了解一下他们实践社会性时的真实行为。

施莱尔马赫是耶拿社交圈的活跃成员。他参与了集体项目"雅典娜神殿"（Athenaeum），这是由弗里德里希·施勒格尔（Friedrich Schlegel）创办的浪漫主义杂志举办的活动。浪漫主义者采用沙龙的形式，定期由选定的知识分子（在浪漫主义运动中广受认同和喜爱的是拉赫尔·瓦尔哈根［Rahel Varnhagen］和亨利埃特·赫兹［Henriette Herz］在柏林和德国其他城市举办的沙龙）来宣传他们的愿景和价值观，实践施勒格尔所提倡的"协作哲学"（Symphilosophie）和"协作诗"（Sympoesie）的思想："共同进行哲学思考和诗歌创作"[1]。

关于齐美尔，玛佳莉特·苏斯曼（Margarete Susman）曾提到，他与同为哲学家的妻子格特鲁德（Gertrude）每周都会在柏林的家中举办聚会。这些"知识沙龙"（cultivated gatherings）见证了诗人莱纳·玛利亚·里尔克（Rainer Maria Rilke）、哲学家亨利·柏格森（Henri Bergson）、社会学家玛丽安妮·韦伯（Marianne Weber）和马克斯·韦伯（Max Weber）、诗人斯特凡·乔治（Stefan George），以及露·莎乐美（Lou von Salomè）等知识分子的参与。玛丽安妮·韦伯曾写道，"齐美尔不仅以其非凡的交谈技巧赢得了每个人的心，而且以他的善良、热情和真诚的人性赢得了每个人的心"[2]。

尽管世纪相隔，但施莱尔马赫和齐美尔所经历的社交氛围却极为相似。这些社交是具有公共性质的私人聚会，只邀请某些特定的人参加，这些人被视为天才和/或修养的代表。这两种情况下的"纯粹互动"形式实际上都是"谈话"。齐美尔称之为"人类共同生活中最广泛的工具"。如果没有立法者，那么上流社会的礼仪限定了参与者的行为规范。谈话和礼仪是将施莱尔马赫时代的贵族沙龙与齐美尔时代的资产阶级知识界联系起来的两个要素。

沙龙是法国大革命前欧洲贵族最流行的社会仪式，直到19世纪30年代一直存在（尽管具有不同的社会功能）。然而历史学家们一致认为，沙龙"通过培养政治观点和哲学讨论的表达，促进了准公共领域的建立，这些观点和哲学讨论在1789

---

1 "如果将哲学和诗歌组合在一起（Symphilosophie und Sympoesie）变得如此笼统和亲密，以至于它看起来一点也不奇怪，以至于许多自然界通过共同创作而相互完善，也许这将开启科学和艺术的新时代。"参见 Friedrich Schlegel, *Kritische Gesamtausgabe*, vol. 2 (Berlin: Walter de Gruyter, 1987), p.132。

2 Marianne Weber, *Max Weber: A Biography*, trans. Harry Zohn (New York: John Wiley and Sons, 1975), p.370.

年之前不可避免地普遍批评君主制和教会"[1]。这种社交氛围也保持了许多保守主义者和精英主义者的特点。

例如，虽然沙龙的中心人物通常是一位女性，一位沙龙女主人（salonniere），其任务是在上流社会受人尊敬的男性（旧贵和新贵）中间主持和谐、适意、哲学的对话，但她的角色在任何方面都不是女权主义者：沙龙女主人的出现通常是确保男性有适当的行为，他们会觉得有义务消除政治讨论中的不和谐，因此"别在女士们面前！"似乎成了座右铭。

随着中产阶级的崛起、法国大革命的爆发和印刷媒介在欧洲大陆的传播，社交圈和咖啡馆（如商廊咖啡馆）取代了沙龙"原有的地位"。这种新出现的活动，如报纸、新闻的公共阅读和评论，是社交圈中最典型的活动之一，此外还有适度的饮酒、打牌、赌博、聊天和吸烟。那时，"社会性的层次"开始发生变化，不仅与"社会阶层"有关，还与"文化层面"相对应[2]：你需要足够"完美"才能被邀请加入俱乐部。不要介意这个事实，因为这些足够"完美"的人通常衣食无忧（因为人们必须有时间参加社交活动并阅读新闻）。

尽管他们有许多不同之处——沙龙的特点是"传统的、家庭空间、多样性、道德、非政治性"，而社交圈的特点是"创新的、家庭以外的空间、男性特权、怀疑道德、政治风险"[3]，但欧洲上流社会的社交氛围始终保持谈话的氛围。这是奇特的，值得关注，因为这些人实际上确实有能力，但是他们更喜欢"用语言"来做事：一种特定的共处方式，一种特殊的与世界的关系，这意味着存在其他类型的参与者，并且他们值得信赖，可以完成沙龙中讨论的任何内容。正如这个名字所宣称的那样，"社交圈"或平等或激烈的社会性界定了一个谨慎的空间。最经典的劳动分工在这里得以实现：规划者（圈内）和执行者（圈外）之间的分工。

此外，它是参与这些谈话的一个特定机构。它是一个抽象的实体，由属性构成，并以适当性为基础。正如人类学家大卫·格雷伯（David Graeber）所言："把抽象的事物分开的逻辑必然涉及把它与某件事物对立起来。实际上，这似乎总是

1　Robert A. Nye, 'Review of Steven Kale, French Salons: High Society and Political Sociability from the Old Regime to the Revolution of 1848', in *Journal of Social History* (22 September 2005).

2　Maurice Agulhon, 'Le Cercle dans la France bourgeoise, 1810—1848. Étude d'une mutation de sociabilité', in *Romantisme* 17—18 (1977): pp.255—256.

3　Agulhon, 'Le Cercle dans la France bourgeoise'.

意味着创造一个剩余类——如果不是某个种族或种族类别,那么就是工人、穷人、经济博弈中的失败者——他们被视为混乱的、肉体的、动物的、危险的。"[1]

乐趣的技术(Technologies of fun)

与欢乐敌对的"文明"不是资本主义或工业主义——两者都是相当新近的创新——而是社会等级制度。它要古老得多。[2]

宝贝(Baby):那是谁?

尼尔(Neil):哦,他们。他们是跳舞的人,他们来这里继续。

凯勒曼(Kellerman):嗯,客人们非常高兴。[3]

虽然他们没有被邀请到餐桌旁,但这些剩余的人实际上一直忙于自我组织他们自己的社交互动方式。伴随着沙龙和圈子的历史一起,在门口进行对话、礼节和选择,根据身体通过感官相互影响,从中获得感官的能力,对共同存在形式进行平行的谱系研究。这一谱系从史前人类群体的原型节奏舞蹈,到古代文明令人欣喜的宗教仪式,将我们带到欧洲中世纪狂欢节著名的颠覆性繁荣,以及奴隶和殖民地居民的音乐庆祝活动,一直到当代社会运动。所有这些宴会都只将语言作为一种可用的技术,此外还有集体舞蹈、音乐、唱歌、宴饮、使用药物和其他改变意识状态的物质,并包括掩蔽、伪装和创造新的角色、嬉戏、嘲笑和愚弄。他们常常被称为暴民,而不是更有尊严的群众。注意到这种建立在自我迷失艺术基础上的残存的社交能力如何转化为丧失自我、失去自我管理和规范自我行为的能力,这也许是一种启示。集体兴奋的概念一次又一次地被描述为倒退和潜在的危险,需要加以管理和给予适当的形式。但仔细观察这些实践,它们强烈反对任何缺乏意愿或意识的主张。

如果在宴会中发现自发性(spontaneity),那就不是冲动或本能。嘉年华、仪式舞蹈、派对和聚会需要精心准备、组织技巧、精心制作的工艺品、美感和激烈的交涉。中世纪的"青年修道院"负责"摆出一副讽刺的笑脸来嘲弄不道德的村民,

---

[1] David Graeber, 'Manners, Deference, and Private Property in Early Modern Europe', in *Comparative Studies in Society and History* 39, No. 4 (October 1997): pp.694—728.

[2] Barbara Ehrenreich, *Dancing in the Streets: A History of Collective Joy* (London: Granta Books, 2008), p.251.

[3] Emile Ardolino, *Dirty Dancing*, 1987.

以及组织狂欢节等庆祝活动"¹。这也是中世纪和现代早期第一次有组织的农民起义的核心,并非巧合。同样,在遥远的殖民地,奴隶起义往往是由社会组织发起的,如特立尼达的车队或古巴的议会,他们负责组织节日庆典。²用彼得·斯塔利布立斯(Peter Stallybrass)和阿隆·怀特(Allon White)的话来说:"事实上,令人震惊的是,暴力性社会冲突有多么频繁地与狂欢节'重合'……称其为社会反抗与狂欢的'巧合',这深深地误导了人们……只有在18世纪末和19世纪初——然后只有在某些领域——人们才可以合理地谈论与狂欢节完全分离的通俗政治。"³

在吉尔伯特·西蒙栋(Gilbert Simondon)之后,有两种不同的实现方式可以被称之为过渡个体。在沙龙和圈子的对话性社交中,自我是在语言层面上产生的,而行动则被推迟到以后。在通俗集会的节日社交中,自我是通过一个运动、挥洒汗水和举止失礼的身体,在一个扩展的符号学的层面上构成的,通过接触而不是话语进入与他人和世界的关系。尽管这两种社交方式都涉及一定程度的互惠性(reciprocity)和横贯性(transversality)——与景观的单向性相反,在互动时代,这种单向性似乎是一个较小的问题——第一种社交方式充其量只能实现"态度"的改变,但只有第二种社交方式才能产生"立场"的转变。⁴

在这种语境下,必须指出的是,沙龙在1725年至19世纪90年代是西方世界最大的年度艺术盛会的名称。⁵19世纪公共沙龙的概念扩展到每年由政府主办的新绘画和雕塑展览,在大型商业大厅举行,邀请持票公众参加。⁶至于学术或批判实践,如今的主要参考模型仍然是当下的研讨会,它显然也是以古希腊的独家"会饮"而得名。

考虑当下策展实践的任何尝试都应反思构成双重谱系的政治含义。作为政治的一部分,我们要保持一种氛围。在这种氛围中,我们可以以不同的方式共同创造自

1　Quoted in Graeber, 'Manners, Deference, and Private Property in Early Modern Europe'.

2　Ehrenreich, *Dancing in the Streets*.

3　Ehrenreich, *Dancing in the Streets,* p.103.

4　"态度"(attitude)和"立场"(position)这两个词借鉴于Trevor Paglen和Aaron Gach的文章*Tactics Without Tears*,他们继瓦尔特·本雅明之后又采用了这种区别。Walter Benjamin, 'Author as Producer', in *Reflections*, trans. Peter Demetz (New York: Schocken Books, 1978), p.222. www.tacticalmagic.org/CTM/thoughts/Tactics%20Without%20Tears%201. Accessed 12 August 2012.

5　同样在艺术表达方面,沙龙还暗示了一种在19世纪欧洲流行的音乐流派,其组成旨在提高表演者的精湛的技艺。

6　http://en.wikipedia.org/wiki/Salon_%28Paris%29. Accessed 12 August 2012.

己，而不是那些已经被资本主义治理的流畅逻辑净化过的方式。

沙龙带来了一种与新自由主义高度兼容的乌托邦式的社交。活跃于19世纪下半叶的美国个人主义无政府主义者史蒂芬·皮尔·安德鲁斯（Stephen Pearl Andrews）曾写道：

> 在客厅中发现了现有社会秩序中人类社会的最高类型。在贵族阶级的优雅而精致的聚会中，没有任何立法的强制干预。每个人的个性都是完全可以接受的。因此，交往是完全免费的。对话是连续的、精彩的、多变的。群体是根据吸引力而形成的。它们不断地被打破，并通过同样微妙和无所不在的影响的运作而重新形成。相互尊敬遍及所有阶级，而在复杂的人际关系中，迄今为止达到的最完美的和谐恰恰是在立法者和政治家们所担心的不可避免的无政府状态和混乱的条件下普遍存在的。如果说有礼法的话，仅有一些原则建议可被个人所接纳和判断。[1]

更令人惊讶的是，在哈基姆·贝（Hakim Bey）的《临时自治区》（*Temporary Autonomous Zone*）的附录中也可以找到相同的引用。这是一本出版于20世纪90年代初，关于赛博朋克网络社区的书。事实上，这位有影响力的作者引用了皮尔·安德鲁斯的"晚宴"（Dinner Party），并将其置于"60年代风格的'部落聚会'、无政府主义者会议……旧式野餐"[2]等一系列社交场景的旁边，旨在揭示一种被普遍接受的社交观念。这种观念并不关注其方法和内容本身，而是称赞其内在的自发性和自由性。但事实并非如此，不同的社交方式会影响到我们是谁。对话实践和事件的产生没有本质上的缺陷。关键是要认识到，它不变的特点是产生一种思辨性或反身性加速的体验，就像在讽刺的架构中与那些"没有得到这种共鸣"的人一样需要同谋。因此，除了对话上的共处情境外，重要的是要学习其他的社交能力谱系，这一次是基于能够维持被我称之为"扩大相遇"的技术。也就是说，能够产生一种自我愉悦感的相遇，不需要剩余的类别就可以存在。

最近跨越文化领域的教育学转向已经朝着这个方向发展。但是，有时我想知道，除了教育的语义学之外，连同其实验室、学校、研究和实验在内，文化从业人

1　Stephen Pearl Andrews, 'The Dinner Party', in *The Science of Society* (1852).

2　Hakim Bey, *The Temporary Autonomous Zone, Ontological Anarchy, Poetic Terrorism*, http://hermetic.com/bey/taz_cont.html. Accessed 12 August 2012.

员是否能够通过关注生产和接受工作的社会条件，而不仅在实践中找到一些新的政治观点（这在日常关怀中经常发生），而且还通过共同讨论欢乐和疲劳来实现。毕竟，最好的学校记忆是课间休息时在厕所里发生的事情。

与其说是坚持引发批判性对话或政治意识，节日社交实则要实践一种"有吸引力的劳动"，不是查尔斯·傅立叶（Charles Fourier）意义上的劳动，而是在抵抗、叛乱和出逃（已经在当代社会中普遍存在）的情况下，维持极端愉悦和欲望的诱惑。根据剩余人口的社会性，对策展事业进行异化，并不是一种包容、赋权或参与的理念。它涉及愉悦和乐趣的观念的传播，不是作为娱乐（字面意思是"待在原地"），而是作为消遣（体验差异）。那些为自己组织庆祝活动的人，往往是那些在聚会结束后又前去沙龙并摧毁那里曾发生有趣对话的人。这一场景中，实践剩余乐趣可能是除了精英主义和平民主义之外的另一种选择。

第五章
重塑（Refigurations）

现代艺术：理念与收藏的时空
赫尔穆特·德拉克斯勒（Helmut Draxler）

两种激发媒介：广播和展览
让-路易·德奥特（Jean-Louis Déotte）

陌生地域内：对地点关联性和策展性的引论
安斯曼·达斯古普塔（Anshuman Dasgupta）

非博物馆
阿德南·马达尼（Adnan Madani）

文字重读永远是不够的，即使有人将文字定义为世界。阅读，无论多么活跃，都不是一个有力的论调。我们没有果断地转向。诀窍是使隐喻和实质内化到身体生产的特定的文化机制之中。在从事总是充满了混乱的阐释、叙述、干预、介入、议论、交流和构建之前，我们无法得知构成身体生产的机器是什么。为了参与这些过程，以及构建某种生活方式而不是其他形式的生活，关键之处在于了解世界是如何被创造和被破坏的。如果技术像语言一样，是一种生活形式，我们就不能对它的构成和维持保持中立态度。重点不仅在于阅读知识生产的网络，而是为了重构具身化的生成力，进而重塑，成为知识。我称这种实践为物化重塑。简而言之，关键是要有所作为——无论是适度的，还是局部的，尽管都没有叙事或科学保证。*

——唐娜·哈拉维（Donna J. Haraway）

* Donna J. Haraway, 'A Game of Cat's Cradle: Science Studies, Feminist Theory, Cultural Studies', in *Configurations* 2, No. 1 (1994): pp.60—61.

现代艺术：理念与收藏的时空

赫尔穆特·德拉克斯勒（Helmut Draxler）

通过观看通常被认为是代表作的绘画、雕塑和物体是无法理解现代艺术的，必须考虑是什么把它们联系在一起。因此，现代艺术应被视为赋予这种联系以意义和重要性的一种特殊的叙事形式。在主题层面上，它憎恶叙事记录；但从整体上看，它解释了自己是由叙事形式定义的，甚至是一种相当简单的叙事形式。这种叙事形式的中心主题是克服以相似或反射构成画面的再现形式，从而主张其画面对象的特殊性和自主性现实。个别的英雄人物以此铺路，直到今天，学者们仍试图追溯"抽象艺术的史前历史"[1]，并以这种叙述的"现代性"为衡量标准来评估历史上的表现形式。每一件艺术作品都揭示了它在这条道路上走了多远，成为朝着理想前进的标志，而这种理想的、可疑的自负却很少被反映出来。即使是先锋派对现代艺术的批判，在对它的负面关注中，本质上也延续了同样的叙事脉络，通过寻找甚至超越了独立的画面对象的自主性现实，或者通过克服这些对象来获得上述的自负。

如果我们希望站在当代的角度来看待现代艺术，试图对其进行评估并将其置于历史语境之中，我们就必须避免将这种叙述重述为"一个时代的神话"[2]。换言之，这将是决定性的。我们既不能将其历史化为不同于"当代艺术"的现象（作为一种具有重要意义的总结性历史现象），也不能简单地将其称为"不同的现代性"。我

---

[1] Otto Stelzer, *Die Vorgeschichte der abstrakten Kunst* (Munchen: Piper, 1964).

[2] Paul Veyne, *Die Originalität des Unbekannten. Für eine andere Geschichtsschreibung* (Frankfurt am Main: Fischer–TB.–Vlg., 1988), S. p.26.

们的目标应该是重建叙事形式本身的制度性和话语性条件，以及与其他现代化因素之间的联系，并在其神秘的存在下检验它。这种叙述形式的重点在于，克服再现形式的预期动因是完全相同的，认为它本身是进步的历史谱系。相比之下，我的论点是，再现形式和历史谱系这两个要素可以被认为是非对立的，是彼此紧密联系的，因此完全不能相互溶解。再现形式和历史谱系的叙事主题都植根于自17世纪以来，在对收藏品的描绘中，首次出现的图像排列的基本模式。因此收藏本身可以被定义为主要编码[1]，据此，将图像结合起来的联系能够以一种特定的历史形式表现出来，这使得对再现和谱系问题的阐述在一开始就成为可能。这些排列模式的时空坐标不仅明确地告知了被称为现代艺术现象的起源，直至今日，它们还在一定程度上构筑了我们思考这个问题的方式。

换言之，出现在17世纪画廊绘画作品中的收藏空间不仅代表了王子的珍宝及其本人，更重要的是这些绘画作为特殊的再现对象。从文艺复兴时期的珍奇阁（cabinets of curiosities）到现代意义上的画廊，这一路径表明了这些绘画的地位正在改变。只有当这些绘画及其排列方式能够实现某些与再现本身有关的特殊工作时，王子所拥有的那些代表他本人的作品才有意义。绘画是捕捉了"世界"的某些部分的场景描述，无论其性质如何，绘画作为静态画面，也就是说，它都是一个独立且可收藏的对象。并且绘画作为一系列绘画作品中的一个元素，彼此之间的联系越来越密切——所有这些都预示着不同层次再现的展开。因此，将再现作为对任何一种现实的描述是不够的。相反，再现是指画面被赋予特定意义的过程，其中所描绘的一切在这幅作品象征性形式的框架内被赋予了特殊的意义。这种形式本身是陈旧的，通常是矩形的、作为可移动图形的支持媒介。

一组绘画作品的想象空间在画廊里相应出现，不仅体现在从好奇心的积累到以画面的尺寸、主题、类型或所代表的绘画流派为基础的分类学排列的转变上，还体现在由绘画作品组成的特殊空间的出现上。"绘画剧场"（theatrum pictorum）[2]——库利斯式的画墙（coulisse-like picture-walls），类似拼贴的图像叠加，以及以纸牌

1　鲍里斯·格罗伊斯（Boris Groys）以相似且非常有趣的方式谈论收藏的"逻辑"（logic），我只是不同意他对"熵"（entropic）几乎是世界末日的，以及对那个逻辑的全面阐释。参见 Boris Groys, *Logik der Sammlung. Am Ende des musealen Zeitalters* (Munich: Essays, 1997).

2　Ernst Vegelin van Claerbergen, ed., *David Teniers and the Theatre of Painting* (London: Courtauld Institute of Art Gallery in association with Paul Holberton Publishing, 2006).

屋形式折叠的图像空间序列——都可以成为该空间的定义隐喻。因此雷尼·马格利特（René Magritte）并不是第一个把这种图像空间设想为不可避免的思维视野的人，因为在此之前，图像总是指向其他绘画作品。即使在17世纪，这种特殊的再现空间也首先指涉其自身，即再现的再现（representation of representation）。然而，在这样做的过程之中，它不仅描绘了自我参照的本身，而且还在其视野范围内包含了特定形式的关系：具体的图像空间和绘画作品空间之间的关系，构成图像空间的人（如画家与王子）之间的关系，在他们与各自被赋予的空间和绘画作品之间，甚至在图像空间/绘画作品空间与外部空间之间，在大多数情况下仅是暗示。绘画作品的选择和排列方式也越来越多地决定了这些关系在实质层面上的不稳定性。从18世纪开始，尤其是不断增长的历史维度将这种想象空间膨胀到幻像的规模。人们在其中对历史的意义、意识形成的过程及心理倾向进行了反思。尤其是乔凡尼·巴提斯塔·皮拉奈奇（Giovanni Battista Piranesi）将历史遗迹的积累重新诠释为帝国空间内在化的画面。线索从那里指向约翰·索恩（John Soane）深不可测的收藏空间，最后到达那个奇特的收藏家——西格蒙德·弗洛伊德（Sigmund Freud）。他将收藏作品的空间转化为心理功能的拓扑结构。[1]

收藏作品的时间主要表现为一种特定的空间排列模式功能。19世纪见证了历史表现形式的逐步提升，这些表现形式逐渐将绘画作品的空间转换为顺序流线。然而，支配这一序列的动态机制却能给出最多样化的解释——从进步性的发展到灾难性的灭亡。海因里希·沃尔夫林（Heinrich Wölfflin）最终将这种谱系原理归结为艺术史的超个人结构性原理。该原理将每件作品归因于流程的内在逻辑，并被理解为遵循发生在不同的两极原则之间的准自然法则，即"艺术史的基本概念"。在摄影复制的基础上，出现了跨越所有具体时间和空间的"想象博物馆"的时间/空间。然而，即使在这里，进步和消退也达到了平衡。正如吉安巴蒂斯塔·维柯（Giambattista Vico）所描述的那样，在某种意义上，永恒不变的序列就像历程（corso）和复归（ricorso）一样，循环往复。

现代艺术并不是简单地站在进步的一边。相反，它试图内化谱系学原理，从而

---

[1] Donald Kuspit, 'A Mighty Metaphor: The Analogy of Archaeology and Psychoanalysis', in *Sigmund Freud and Art: His Personal Collection of Antiquities*, ed. Lynn Gamwell and Richard Wells (New York: Harry N Abrams, 1989), pp.133—151 and Janine Burke, *The Sphinx on the Table: Sigmund Freud's Art Collection and the Devolopment of Psychoanalysis* (New York: Walker & Company, 2006).

一劳永逸地克服轮回的循环，并随之克服再现形式。每件作品都将自己视为站在某个特定的时间点上，执行着历史"物质条件"发展的逻辑结果（阿多诺）。这一愿望不应被简单地理解为对某种传统寻求进步，无论其性质如何，都应理解为这种传统最内在的结果。换言之，来自传统内部的力量促使作品超越传统。现代艺术相应地体现了这些传统本身的力量，中止了其超越传统的雄心。现代艺术也难逃再现。相反，借助谱系学的帮助，它将再现推向了极致。一旦我们理解了这种再现，这一点就变得显而易见：它就不再是对特定现实的虚幻描述，而是对画面象征性意义的期望。从这个意义上说，皮特·蒙德里安（Piet Mondrian）和卡济米尔·马列维奇（Kazimir Malevich）并没有将再现体制取消，而是高度体现其本质。在这种形式中，克服再现作为叙述可以达到另一种"再现性"（representative）的意义：在真正的"至上主义"（Suprematism）中，这幅画作充满了终极和普遍的世俗性。关于绘画空间的摆放问题，这两种立场都因是否彻底孤立这幅画作而左右为难，最终将以被称为"白立方"（White Cube）的展示形式来实现，并将"绘画剧院"转化为由风格主义（De Stijl）和构成主义（Constructivists）共同倡导的总体艺术（total work of art）。

那么，现代艺术当然不仅是现代的，它采用了早期的现代再现理念，恰好在它似乎否认的地方。内部谱系原理的理念并不能帮助其摆脱历史，相反，它只是更深刻地铭刻在这段历史中。现代艺术已经并仍然牢牢扎根于欧洲的历史中，即使它已经在纽约找到了自己的神殿，并早已成为一种可以在全球范围内广泛应用的编码。尤其表明这一事实的是关于解放和普遍性的启蒙神话。然而，这种挪用不应使我们忘记，这些神话也是特定霸权叙事形式的变体，即使在今天也必须把它理解为其假装已经克服的同一种传统的反映。这意味着"再现体制"还没有结束的迹象。收藏象征着财富或资本积累，也象征着世俗和权力。它在时空中的坐标继续定义着一种文化的特殊性，就像欧洲或更普遍的西方文化试图强化对全球化的主流解读一样。因此，我们需要一种批判性的修正主义，审视现代艺术叙事形式的神秘潜能，追溯其标准和分类，由此产生的容纳和排除，以及其基于的具象和谱系逻辑。这样的修正主义可能使我们对自治发展的单一逻辑所掩盖的结构动力持有不同的观点，在这种观点中，不同的现代化进程之间的相互依赖性将成为理解内部和外部多样性的前提[1]。我们可能会意识到，它构成了"现代艺术"，所有的紧张关系定义了它的当代再现形式：一方面是广告和社交网络的绘画剧场；另一方面是全球艺术商业操纵的艺术剧场。

---

[1] Shmuel Eisenstadt, *Die Vielfalt der Moderne*, trans. Brigitte Schluchter (Metternich: Velbrück 2000).

两种激发媒介：广播和展览

让－路易·德奥特（Jean-Louis Déotte）

瓦尔特·本雅明（Walter Benjamin）的《机械复制时代的艺术作品》（*The Work of Art in Age of Mechanical Reproduction*）主要假设如下：无论是传统的（平版印刷）还是工业的（摄影），机械复制始终是艺术存在可能性的条件。因此，它们不属于艺术的范畴。他在1935年发表的第一篇论文中指出：每个时期都有自己的感性。由此可以推断出每个时期对艺术都有其特定的判定。因此，美学的主要问题是确定自身的结构，正如朗西埃（Rancière）以一种相当限制性的方式称其为"审美体制"。这之所以是限制性的，是因为本雅明并不局限于特定的文学（福楼拜）或哲学模式（柏拉图、亚里士多德）。本雅明在《作为生产者的作者》（*The Author as Producer*）中提出，"文学革命功能的决定性标准取决于技术进步，技术进步在一定程度上导致了艺术形式的转变，从而导致了知识生产手段的转变"[1]。

由此，人们可以提出这样的想法，例如，只有通过创建特定的艺术项目并使它们的构成原理可见或可感时，诸如展览或广播之类的传播介质才会生效。显然，这项活动需要创造一种技术手段：如18世纪的展览或1920年德国的广播。

以广播为例，在其创立的前几年至关重要：在短时间内进行了一些实验，但这些实验并没有持续很长时间。这个短暂的审美时期很快就被致力于政治传播的

---

[1] Walter Benjamin, 'Notes from Svendborg, Summer 1934', in *Selected Writings Volume 2, Part 2: 1931—1934*, ed. Michael William Jennings, Howard Eiland and Gary Smith, trans. Marcus Paul Bullock (Harvard: Harvard University Press, 2005), p.783.

时期所取代，特别是从 1933 年开始，以大规模动员的名义进行的宣传。恰逢其时，瓦尔特·本雅明抓住了这个机会，为儿童制作了广播节目。这些广播故事以《广播剧制作人》(*Hörspielmacher*) 被人熟知，随后被翻译并出版：《儿童启蒙运动》(1988)，四部《广播剧》(*Hörspiele*)，多部《听力模型》(*Hörmodelle*)，以及《电台游戏》(*Funkspiele*)。

关于电视的诞生以及后来的互联网 2.0 的诞生，可以说是相同的思路（当它们的组成原理通过艺术作品可见时，传播的媒介才有效），事情并没有改变。

总体而言，可以推测一种能够生成艺术生产的新的传播媒介——各种各样的艺术装置——成为一种审美手段，由于其无休止的重新配置，它实际上是无止境的。最古老的美学装置，如相机暗箱，仍然可以使用，因为克里斯汀·费尔滕（Christine Felten）和维罗尼克·马辛格（Veronique Massinger）的最新作品清楚地证明了这一点。[1]

尽管本雅明在叙述、摄影和电影方面花了大量篇幅，但除了一些理论性笔记外，他从未写过关于广播或展览的文章。然而，这可能并不一定是因为缺乏机会。如果一种审美手段（如透视法）能让人们对事件所代表的意义产生新的理解，从而理解一个展览的意义，相比之下，一种传播媒介只能通过压缩空间和时间来强加自己。一种新的媒介将自身强加于语言、视觉、声音时，就会像一种强力工具。本雅明在发现广播室的时钟只计算过去的分钟数时意识到了这一点。一个错误让他意识到在麦克风前最糟糕的是无话可说。新媒介的时间就是传播的时间；它的计算单位就是它的经济价值。传播媒介始终是一种授权工具，因此总有清晰可辨的接收器和发射器，也就是说，按照经典的传播方案，即接收者和发布者。两者之间的鸿沟无法弥合，因为它是一个功能性的鸿沟。虽然确实可以把读者转变为作者，但总有一个分布的层级顺序。对于设备而言并非如此。

此外，为了进入"机械复制"的范畴，广播和展览——实际上还有电视——都不能仅被解释为一个纯粹由接收器和发射器组成的系统。它的复制能力必须是安全的：留声机、录音和录像磁带、目录等。没有重复的可能性就没有记忆，没有文字也就没有支持。这也使人们可以从技术上对设备进行分类：作为支持和书写。因此，谈及（再）生产的表象要比使用利奥塔（Jean-François Lyotard）的表述更好：

---

1 Christine Felten, Veronique Massinger, *Caravana obscura*, 1991—2007.

铭写的表层（a surface of inscription）。[1] 本雅明的美学都具有连贯性和连续性，从最初的文本[2]到关于布莱希特（Bertolt Brecht）的文本，本雅明确实认为在复制的支持下才能进行艺术生产。复制必须被认为是一个档案的世界，一个档案形式的世界，就像图书馆、收藏、博物馆、音乐或舞蹈编目一样。我们（即使是儿童）都一次又一次地继承这些（再）生产的表层。教育学必须考虑其传播方式。因此，阅读总是先于写作。艺术形式总是已经存在的，唯一改变的是传播方式。叙事是这些传播方式中的一种，但它不是唯一的。展览中还存在戏剧、寓言或悬挂的作品。

表层复制的概念需要进一步研究，它代表着艺术生产的基质。作为费德勒（Konrad Fiedler）的读者，本雅明在谈到艺术作品将意识流或绘画中色彩的流动具象化时，强调了它的重要性。如果艺术家没有创造出这样的形式，使其具现的形式，那它将不被世人所见。正是这项工作使世界变得可见或可闻。俗话说：艺术引导视觉（l'art fait voir）。本雅明在他的早期作品中谈到了形式问题。自文艺复兴时期以来，我们的文化遗产就以"disegno"来构思形式：它是 configures 和 informs 的绘制。因此，古典主义解释绘画（painting）与素描（drawing）有关的方式：绘画只需要一个染匠的专业技术。于是素描体现了思想或理念，着色成了没有形式的东西。

本雅明的创新之处在于通过激发命名来拒绝这种次要性。对本雅明而言，名称是真正的配置形式。本雅明的审美使命名更加突出。这一点在他的《摄影小史》（*Small History of Photography*）中得到了清晰的体现。其中本雅明批判了客观摄影的政治色彩，因为它展示了工厂，就好像一张摄影可以独自谴责历史的社会现实！图像需要命名；摄影需要标签。本雅明对布莱希特的史诗剧场感兴趣，是因为事实上它的叙事连续性被反复打断，而挥舞的标语牌可以表达一种观点，以此来命名场景。作为可识别形式的名称代表（再）生产的表层，这并不意味着真正重要的是朗西埃所说的教学关系，而是美学对神学的征服（名称是与神圣相反的亵渎行为）。

1　Jean-François Lyotard, *Discourse, Figure*, trans. Antony Hudek (Minneapolis: University of Minnesota Press, 2011).

2　Walter Benjamin, *Selected Writings, Volume 1: 1913—1926*, ed. Michael William Jennings, Howard Eiland and Gary Smith, trans. Marcus Paul Bullock (Harvard: Harvard University Press, 2002).

陌生地域内：对地点关联性和策展性的引论

安斯曼·达斯古普塔（Anshuman Dasgupta）

本文始于一个假设：特定地点可以在它们的动态关系运行中揭示策展性。所述假设和以下要探讨的问题源于与地点相关的论述、与实践有关的批判性思考。这种特定地理位置的带入，使我们有机会研究看似中性的术语——"策展性"是如何在相对陌生的地域发挥作用的。

这也是一次尝试，试图将策展性置于学科交会的十字路口。它虽没有常规的匹配方向，但有潜在交叉点，能使不同学科彼此相连。因为，在考察地点关联性（或

图4 "异邦项目"（*Alien Nation Project*）现场中的参与者和观者，雷诺克，锡金，2011年。摄影：安斯曼·达斯古普塔

通过艺术的感性方式研究人际互动和结盟的态势）时，我们往往只能接触到诸如地理学、民族学、人类学、历史（对话／口头形式）及其相关的子学科。

由于本文所考虑的重点是特定空间项目的视听导向，所以在这里将"策展性"一词理解为学科交叉点的统一基础。交叉点与更具分析性的社会科学相比相对感性。

学科及其扩展的重要子学科，在交会间引出了几个问题：

▶ 地域（指在人类学导向的感官实践中）是否能激起社群的发展？

▶ 我们想要什么样的社群？是一个既有的、一个有机组织的，还是一个过渡型的？

▶ 如何通过前瞻性的主动感官干预（常称为"艺术"，如在地性／地域相关艺术）来描绘社群成员的变化？

▶ 民族志学者／艺术家的异域性如何在与社群和／或与在地相关的互动中发挥作用？

巴列克西（Balikci Denjongpa）的项目报告

通过某个冲突不断的特定地理位置，这些问题将得以解决：就如锡金，印度东北部的内陆邦，周围被3个国家——不丹、尼泊尔和中国包围。我将提出两种不同的交互模式：一种是关于资深人类学家所写的一本影像项目报告，以及其对该影像所做出的努力与评估；另一种是关于本人提出的多地点交互，希望从中看到不同的可能。

我将从加拿大人类学家安娜·巴列克西（Anna Balikci Denjongpa）博士的人类学报告开始。她曾在加拿大和英国接受教育，目前定居在锡金，在甘托克的南迦藏学研究所担任锡金档案项目的主任。

2003年，在建立锡金档案的过程中，安娜·巴列克西开展了一个关于人类学的视听项目。如她所言，该项目有助于建立与当地社群的关系，从而有效地使部分成员在记录、评论，并向他人展现自身文化时有自信。她的报告揭示了那些被理论家归类到反身性和元学科的关键文件的动态。[1]

该报告是她和团队在为南迦藏学研究所制作6部电影（公开发行）后撰写的。还有一部关于拉亨（Lachen）的电影未完成摄制，但她提前给我看了粗剪版。

安娜·巴列克西的报告不仅是一本人类学笔记。当中，她还指出不同学科间，以及其一系列电影研究项目中涉及的不同群体间的动态关系，并常对经济和立场冲突进行描述（尽管比较微妙）。她的报告中满是关于岛屿社群（菩提亚人或雷布查人）内部冲突和矛盾的暗示，但这种现象从未出现在尼泊尔人的族群中（占人口的75%）。据她的描述，自19世纪60年代以来，尼泊尔人的族群一直占据着该地区，这使传统的菩提亚人和雷布查人感到不安，也使他们的人口数减少至仅占总人口数的20%。她在报告中指出，"锡金的本土文化正迅速减少，我们应当对最传统的村庄文化进行影像记录"。这就是典型的乔治·马库斯（George E. Marcus）所指的"抢救民族志"（salvage ethnography）[2]。

她还编写了如何保持拉亨和宗古土著文化的相对纯正性（锡金以北的两个村庄，居住着土著雷布查人和菩提亚人）。在此引用她所述之言。

> 由于这两个村落都位于偏远地区，受到地理位置限制，外来者被禁止在此永久定居。即使是该州其他地方的土著锡金人也需要特别许可证才能临时进入这些保护区。这在一定程度上限制了尼泊尔语在宗古和拉亨中的传播。尼泊尔语是一种目前在该邦其他地区占主导地位的语言。[3]

在对这些地区的研究中，安娜·巴列克西和雷布查人达瓦（Dawa）及菩提亚人普巴（Phurba）一道，曾经居住在这些地方，是村落的一员。巴列克西被接受的原因是她嫁给了一个菩提亚人。随后，报告展示了在文化获取的过程中存在的复杂人际关系和潜在的村落关系，也传达出她在人类学电影制作中的详细描述。她

1　Anna Balikci Denjongpa, 'The Sikkim Video Archive: A Collaborative Effort Between Anthropologist, Indigenous Filmmakers, and the Local Community', in *Future-Past: Cultural Heritage and Collaborative, Ethnographic Film Work*, ed. Peter I. Crawford and Baste Engelbroecht (Copenhagen Intervention Press, 2012).

2　George E. Marcus, 'Contemporary Problem of Ethnography in the Modern World System', in *Writing Culture*, ed. James Clifford and George E.Marcus (Berkeley: University of California Press, 1988).

3　Balikci Denjongpa, 'The Sikkim Video Archive', p.1.

写道:

> 像我们这类项目通常会选用外来的西方人,或者是离锡金不远的、来自孟买或德里[1]的印度人来执行,之后他们又会回到自己的国家。而我们团队全是当地人,这一事实激发了人们的信心并突破了很多研究瓶颈。而且,我们不仅是当地的,也代表着南迦藏学——锡金唯一一个专门研究佛教和佛教徒社群文化的政府资助机构。这确保了我们拍摄的任何内容都会留在锡金,并可访问。
>
> 于个人而言,我属于"本地人"的主要原因是由于我嫁给了吉格梅(Jigme),他是锡金菩提亚人。也正如拉亨的村民所言,我是这个村的儿媳。我的婚姻使我永远不会离开锡金,并且我会永远忠于菩提亚社群。我不会抛弃族员或曲解污蔑他们,我会永远承担自己的责任。[2]

我们可以以不同的语境阅读她的报告。首先,虽然她并不在村里出生长大,但她拥有内部人的特权。

而后,读到她所附的自白信。信中,她告诉我们她进入该地区的实际情况:她与村长住在一起。起初,她作为一名策展人,进入村庄是为了收集20世纪初两名旅行者中的一人所拍摄的一组照片。"佐姆萨"(Dzomsa)村(政治机构)和"皮蓬"(Pipon,村长)同意了项目的进行。她在后期制作过程中详细讲述了审查制度:

> 虽然我们获得了当地政治和文化当局的信任并参与其中,得到允许拍摄所有的内容,但这并不意味着我们有权向外界展示一切。但这却是分享共识和信任的重点所在。如果"皮蓬"或"拉亨仁波切"(Lachen Rimpoche,宗教领袖)说我们所拍摄的内容不能到村庄以外其他地方展示,我们就会严格遵循他

---

1 两个最遥远的城市的出现令我感到惊讶,并使我阅读此声明的"字里行间"。锡金(Sikkim)殖民时期之后的第一部现代电影,并在过渡到成为印度联邦的一部分期间,由著名的萨蒂亚吉特·雷伊(Satyajit Ray)拍摄。他的《锡金》(1971年)是唯一一部被审查委员会禁止的电影。最近的另外两部电影是关于加尔各答和浦那的,由阿吉尔·巴苏(Arghya Basu)先生在过去的10年中拍摄完成。即使忽略了这种滑移机制(slippage),我们也可以找出传统的人类学对内在性或融洽关系的坚持,这比报告本身更能说明她的拍摄风格。

2 Balikci Denjongpa, 'The Sikkim Video Archive', p.6.

们的要求。其他村民若有此类要求，我们也会照做。在查看最终剪辑时，如果"拉亨仁波切"或"皮蓬"说需要剪除特定场景，那我们就会将其剪除。虽然这类情况很少见，但在涉及争端时此类情况也时有发生。[1]

此外，关于人类学权威、权力和伦理，她写道：

> 作为一个对内容负责的人类学家，这看似会与我履行客观和真实再现的义务产生冲突。但实际上并非如此。对我来说，重要的是这些电影是为当地村落拍摄制作，需要考虑到他们的敏感之处。电影主要是供他们自己使用，因此拉亨村民有权阐明他们喜欢或不喜欢怎样拍摄。作为一名人类学家，于我而言最重要的是，原始片段要尽可能完整保存归档，以备将来之需。村民们也知道完整的录像将会保留在研究所里。到目前为止，还没有出现任何问题，因为我仍保留有完整的录像。我担心之后需要审查所有的材料，若真如此，那么这些冲突将失去其现有的相关性，某种程度上会并变得毫无意义。但它们仍将是拉亨村社会行为的重要示例。

安娜·巴列克西报告的第三个方面说明了她是如何为研究所工作的：她不仅关注那些被边缘化和即将消失的某些族裔（雷布查人和菩提亚人），还致力于研究已经没落的王朝——纳穆加尔/乔格亚尔（前锡金皇族），研究所也是以他们的名字命名的。他们王朝的历史在锡金过去的政治史、现在的研究所及其未来的项目中仍具有重要意义。也许，还和人类学家的个人感受息息相关。[2]

异邦项目报告：社群的动态

安娜·巴列克西的报告与我提出的多地点交互，两者在锡金问题上的主要交会处，在对地域关联性的态度上表现一致：比如那些对民族志学者的看法和对参与者的看法。"多地域民族志学者感兴趣的最重要的地方性知识形式是与他们自己的兴

1　Balikci Denjongpa, 'The Sikkim Video Archive', pp.7—8.
2　正如大多数口述者所暗示的那样，反对前王朝或锡金统治者的民主热潮主要是由内帕穆尔锡金人领导的。在此之前，锡金人的世界由不丹诺吉米尔少数民族统治，以及他们的部署卡齐斯人。尽管雷布查族和更重要的菩提亚族也拥有重要的政治存在，但1973年后的锡金似乎已被尼泊尔民众占领。

趣相似的——其投射自身。"[1]

为了寻找属于自身的交互方式，我在锡金的多地域项目期间开展了名为"异邦项目"的工作坊。针对锡金东部的阿里塔（Aritar）和甘托克（Gangtok）两个不同的地点，我们的团队运用了两种互动模式。其中一个是灵活的地图制作项目，使参与者通过制图创造自己的主观选择机会。该方式有别于常规制图模式，这导致了一系列富有想象力的预测。在第二个练习中，我们与参与者进行了交谈。他们向我们传达了对周围环境的看法。这些谈话使我们再次意识到地域的地理判定问题。除此之外，还有与地域相关的日常生活问题，如日常活动中的性别平衡。

锡金的社群通常是流动的。对于安娜·巴列克西来说，这个项目需要以静态形式捕捉村落的相关信息：她想要掌握传统的雷布查人和菩提亚人的文化，村民的没落/消亡和对存留的担忧。相比之下，我们的方法更富有机组织性，融洽的关系是筹备工作坊时的首要期望。我们随时准备在社群流动过程中注意过渡的、陌生的，甚至异邦形式的当地传统。[2]

地点关联性：地图绘制作为表态

地图绘制的实践有两个目的：一方面是了解参与者喜欢以怎样的方式描绘当地；另一方面，为了维护共同的利益，我们想要看到参与者如何对可能的未来进行定位和想象，如以愿望清单的形式。因此，与传统的制图相比，该实践是一种地理可视化。[3]

这里要详细说明一部分异邦项目的参加者的情况，以及相应的绘制细节：

1　Marcus, 'Contemporary Problem of Ethnography', p.112.

2　现在，锡金的民族动态是一个分布函数。尼帕穆尔印度人（或称"尼泊尔裔"）显然在其历史的早期受到了剥削，在1973年后上台执政，建立自己的指挥权和控制权，在印度人之后接管并统治雷布查族和菩提亚族长达40年。参见 A. C. Sinha, *Sikkim: Federal and Democratic* (New Delhi: Indus Publications, 2008) and Madhusmita Bhadra, *Sikkim: Democracy and Social Change* (Calcutta: Minerva Associates, 1992)。

3　杰里米·克拉姆托（Jeremy Crampton）区分了传统制图的功能和"地理可视化"所理解的功能："传统制图强调公共使用，交互性低并且揭示已知事实，而可视化则强调私人使用，交互性高并且探索未知。" Jeremy Crampton, 'Maps as Social Constructions: Power, Communication, and Visualization', in *Critical Geographies: A Collection of Readings*, ed. Harald Bauder and Salvatore Engel-Di Mauro (Kelowna: Praxis Press, 2008), p.720。

乌托邦项目（A Utopian Work）。桑格（Songay）是一位有菩提亚族血统的锡金女孩。她在加尔各答获得文学学位，并获得德里马来亚大学的媒体研究硕士学位。她参加了我们异邦项目的工作坊，并绘制了一个图表，上面的图案就像一个轮子，辐条从中心辐射到外围。她将辐条定义为从当前社会向更公平和民主社会转变的过程。在这一过程中人们会享受到更好的性别平衡、平等和言论思想自由。

愿望清单（A Mapped Wish List）。罗仕尼·切特里（Roshni Chettri）是一位 20 多岁的女孩，尼泊尔和卡西人混血，在首府梅加拉亚邦的西龙出生并长大。她在德里接受高等教育，后被一家广告公司聘为文案撰稿人。切特里刚结婚，这是她第一次住在锡金。在工作室里，她绘制了一幅图，主要是对其所居之地陀东（Todong）的美好投射，她和丈夫一家住在那里。地图中包括迂回的道路、分散的山丘、该地区现有的商店和多层建筑，后者被视为违反当地相关法律的违章建筑（在 2011 年 9 月 18 日地震后实施修建，她对此表示反对）。艺术家、诗人、作家、思想家、哲学家等与假想的居民住宅绘制在了一起。最终的图融合了陀东现存的和她所希望出现的所有事物。这很有趣，因为她把两者结合了起来，还以一种乌托邦的方式把诗人、艺术家和电影制作人放在一个社区里，那是在现实生活中只有像医生、律师和工程师这样的专业人士才能生活的社区。

盈余绘制（Residual Drawing）。为了绘制两个村庄的地图，昂格米特（Ongmit）回到了锡金北部的雷布查族。她本没必要再回到自己出生的村落，因为她和她的血亲已在甘托克定居。然而，在选择描绘已知的世界和希望中的世界时，她选择绘制那两个位于北部传统保护区的雷布查族村落。这幅图帮助她理解在社群归属和居住上的实际差异，目前她在攻读工商管理学士学位。即使在绘图时，昂格米特也不太确定村长是否会许可。

多玛的故事（Doma's Story）。多玛（Doma）是一位菩提亚族女孩，在圣蒂尼克坦学习陶瓷，是新德里的一名实践艺术家。她曾在公司进行过短暂的工作。她绘制过一幅地图，其中包括她对锡金未来居所的想象。有趣的是，大多数来自上层阶级的参与者，都有在多个发达城市居住的背景，他们以丰富多彩的想象绘制了地图。他们认为未来比现实更具趣味。因此，多玛画了一座宫殿及其四周的环境，其中的云以多变的姿态在上空盘绕。

作为地图的日常生活（Daily Life as a Map）。基瓦尔·帕里哈尔（Kewal Parihar）在旅行社工作。他在阿里塔高中学习时，比乔·普拉丹（Bijoy Pradhan）是他的老师，也是社群的成员，基瓦尔听从老师的要求参加了工作坊。在尼泊尔社会，长者会得到他人尊重。此外，在人口稀少的山村里，人与人之间也会建立社群纽带。他可能也有兴趣把我们培养成加尔各答某所大学的人，这种人可能对他未来的计划有用。基瓦尔来自边境村落，他计划在那里开一个度假村。在一位来自阿里塔村落的朋友帮助下，他绘制了一张地图，涵盖了从其所在的村庄到雷诺克（Rhenok）市场的整个行程路线。有趣的是，寺庙是他地图的中心地点，而非学校。甚至在地图上，也不见他的家。

总结：学科思想的冲突与无止境的重叠

人类学项目通常以报告或研究性写作的形式为人所知，这是其最基本的功能。相比之下，人类学电影项目则为我们创造了另一种认知。例如，当人们展示一段人类学影片的书面报告时，所收到的效果是与放映影片时不同的。当放映不同的电影版本，或看到档案中的原始录像时，我们会期待另一种效用。由这两种情况可见，人类学项目对整体论的承诺只会越来越成问题。

如果民族志是指书写，那么策展性就是无声的演讲。策展性处理并展示了低声的、非口头的及只能通过视觉传达的语调变化。如果把以上关于地点关联性和策展性的思考纳入考虑范围，那么我们就将面临某种可能：策展性可能会有效突破某一固定存在。因为其与时间并置，策展性代表了事件的同时性。这类似于地图绘制，其中单词和图像独立执行着各自不同的模式构建；这也类似于某人的一段没有目的的对话。策展性是一种催化剂，它可能既是蜜糖也是砒霜，但必不可少。

非博物馆

阿德南·马达尼（Adnan Madani）

卡塞尔，2012 年

像许多来自巴基斯坦的艺术家和作家一样，我第一次来欧洲学习——带着一种求知、求真的愿望。但是，随着真实经历和事件的多样性逐渐瓦解，这些经历和事件最终抹去或模糊了构成我们"西方"视野的半神话式叙事的轮廓。这是无处不在的。我们在艺术和艺术史方面的教育使这种叙述的强化形式引人入胜，从而将对文化和知识的殖民转移成一种纯粹的本质：现代性、历史、命运，随便你怎么称呼它。这些概念对我们来说是不容置疑的事件，但它们发生在其他地方，因此必须被了解、接纳、磨合、吸收。为此目的，我们旅行和朝圣。我每年都会去许多博物馆、会议和重大活动进行这样的朝圣，但往往不知道自己究竟扮演着什么角色。

搭乘飞机去往卡塞尔文献展的旅程，已经为我营造了一种对空间、装置和策展关系的回响意识。飞机起飞后不久，许多乘客开始打开笔记本电脑工作。机器在不同的速度和噪声下苏醒，等待命令，这些命令将创建电子邮件，修改报告，打印文章。换句话说，确保生产力，让世界变成一个村庄，就像他们过去常说的那样，或者至少是一系列相互联系和同时存在的村庄。我不知道是否有乘客也在去文献展的路上，他们的屏幕被蓝色的灯光照亮，我自娱自乐地试图把他们和办公室职员、银行家、公务员区分开来。或许是服装上的一抹波西米亚风？一个具有讽刺意味或历史意义的个人装饰方法：复古的胡子或发型的样式？我们这些标新立异的穿着，都符合现在全球公认的街头时尚部落主义，也就是说，我们这些不墨守成规的人，穿的都像其他人一样——也许这翻折的裤脚高度恰到好处？我有了一些想法，也做了一些推理，并说服自己，至少有一位乘客也是艺术旅行者。也许之后我会在从柏林到卡塞尔的 ICE 列车上再次遇到他，他可能在为一些即将到来的工作做准备，或者解决关于一些艺术家的多频道视频装置的技术问题（它们非常容易运输，但安装起来却非常痛苦！）。他可能由于过于时髦而不可能成为一名艺术家。他也可能是复杂的画廊和机构系统中的职员，获邀到重要的展览见证艺术作品刚刚被创作出来的那一刻。

我来到展览现场——顺便说一句，并没有看到他的身影，他可能只是一名学生，也可能是一位音乐人或科技型创业者——事实上，我前来拜访和支持的朋友（艺术家）正在设置她影像作品的细节。她问我对这种方式呈现作品有什么看法，她在影像投影周围留下了装置的痕迹——脚手架、油漆罐等——以作为渴望让作品开放并不受影像艺术整洁惯例束缚的证据。我不确定，而她感觉到了这一点，并询问，我不是曾经在一本杂志上发表过一篇文章，内容是关于南亚艺术的持续发展，以及艺术家的创作似乎注定要出现在双年展和艺博会的惊人趋势，难道这就是所谓的"发展良好"吗？难道我没有在敦促她和其他艺术家更深思熟虑地参与那个我们都必须加入，无论遗憾还是愉悦的文化资本之流吗？我对此的回应是，将决定权留给她。我来到这里希望看到她想象的产物并给予评价，也许我的这种方式是过时的，因为我也知道，今天的艺术是所有参与者（包括创意、批评和行政）之间的无缝协作。让-弗朗索瓦·利奥塔（Jean-François Lyotard）谈到丹尼尔·布伦（Daniel Buren）[1]时说，毫无疑问，他在博物馆展览中看到策展人的协助者要比艺术家更多，只是他对这种情况感到愤怒是错误的。我们都是生产者，都是不停流动的朝圣者，更是评论家、作家和理论家——我们的旅行相当顺利（而且物超所值）。

我的朋友在其他地方寻求安慰，并最终得到了满足——这是理所当然的——她的作品在这个最富盛名的展览中受到了欢迎。她可以肯定的是，这意味着她已经在更广阔的欧洲艺术世界中得到了认可。而南亚的批评家和策展人对她的作品产生

---

1 Jean–Francois Lyotard, 'Concealments', in *Postmodern Fables*, trans. Georges Van Den Abbeele (Minneapolis: University of Minnesota Press, 2003).

了更大的兴趣，他们将飞往柏林、伦敦和纽约去看她的作品。

国家美术馆，伊斯兰堡，2007 年

前总统穆沙拉夫将军在"受过良好教育的中产阶级"中的声望尚未受到持续不断的政治冲突的影响，这些中产阶级对穆沙拉夫的文化进步政策，尤其是他呼吁的促进巴基斯坦"软形象"的活动表示积极赞同。这一形象，无论强行与否，都是为了终结巴基斯坦作为一个落后的、未现代化的神权国家的神话。媒体传播中，对土耳其的例子进行了大量讨论。显然，威胁巴基斯坦的生存问题必须在其他地方人民的心目中得到解答。文化资本和传统资本的投资者、旅行者必须不再惧怕这个新兴国家的陌生、坚韧和抵抗，对它的柔韧性和同一性深信不疑。为此，巴基斯坦首家"国家美术馆"正式落成，当时正值巴基斯坦大张旗鼓地争夺地位和声望。据推测，这里将成为巴基斯坦蓬勃发展、商业活力日益增强的当代艺术世界的中心。

抛开建筑试图体现对遗产和当地历史的关注不谈，最终建成的博物馆是一个对空白表达的完美典范，这种中性面孔的超市、机场休息室、医院、博物馆和咖啡馆随处可见。用马克·奥格（Marc Augé）的话来说[1]，这就是一个"非地方"，一个什么都不可能真正"发生"的空间。鉴于该项目的委托说明，几乎不可能有其他情况：艺术的当代性恰恰要求这种中立性，这种对全球意识抵抗的缺乏，以及通过这些门户的跨国延伸。建筑的地理位置也很完美：首都伊斯兰堡面积虽小，却是专门作为行政中心而建。坐落于克什米尔下方的山丘上，这座城市结合了新伊斯兰与现代主义风格，是一座充满激情的城市。国家美术馆的落成将重点呈现该国艺术家的优秀作品，其中许多人将迅速在国际舞台上崭露头角。

鉴于不同文化的必然命运，我也许无须多言，这座美术馆如今一片死寂，既不是珍贵藏品的归宿，也非民族/文化"活力"的倡导者（不管这意味着什么）。利奥塔为美术馆及其周边文化设想的任务——在其"警觉性"中展示艺术，并与观看、制作和归档作品的仪式中所体现的"惰性"进行抗衡——似乎是无法实现的。因为画廊和美术馆仅仅充当外界的镜子，或者以工业博览会和展览会的方式吸引外国资本的介入。

1　Marc Augé, *Non-Places: An Introduction to Supermodernity*, trans. John Howe (London: Verso, 2008).

就利奥塔的敦促而言，艺术的警觉性必须由美术馆创造或保存，但只能通过选择不是专门为该美术馆或任何其他虚构美术馆制作的艺术作品。这样一来，美术馆就可以摆脱全球艺术界所特有的审批、鉴赏、赞助和资助等环节。此外，对利奥塔而言，在艺术中成为"当代"，就是与艺术史及其许多可能性——已经探索的或尚未实现的——保持同步，并且不惧怕打破美术馆时代同质性的不合时宜的制约条件。这种当代性完全是一种宗教信仰，在世俗时代更是如此。在这个时代，宗教的方法被转移到文化和价值的领域。

也许这种不相容性解释了巴基斯坦美术馆的缺席或不足——在那里，宗教生活和历史仍然渗透于整个民族的思想。白立方那冰冷的世俗主义（即使有温和的莫卧儿装饰）和当代艺术中那同样冰冷的知性主义被视为是令人反感或无关紧要的。这种艺术属于一种不同的生活、不同的地方和历史，无法解释那种狂热的偏执，哪怕是一根丢失的头发也可能导致死亡和无法言喻的暴力。

托巴·泰克·辛格，1948 年或 1949 年

萨达特·哈桑·曼托（Saadat Hassan Manto）的《托巴·泰克·辛格》（*Toba Tek Singh*）[1]，是关于印度次大陆按照宗教划分的故事，也是对政治唯名论（nominalism）的恐怖状态深刻参与的反思（也许就像杜尚的作品可以被看作一个唯名论者与艺术史的邂逅一样）。曼托的小说讲述了在印巴分治的一两年后，拉合尔精神病院里的病人如何分归两国的故事。病人们并不理解一个地方为什么今天还在印度，明天却在巴基斯坦。小说中的一个特别的人物是锡克教徒，作者通常以他的村庄名字来称呼他：托巴·泰克·辛格。他极少躺下或坐下，一刻不停地走来走去，说着一堆神秘的呓语。在分归前，他不停地询问，他的家乡托巴·泰克·辛格在哪里？在印度？还是在巴基斯坦？他在分归时，拒绝跨越边界线。他坚持说，他的家乡正是他本人站立的地方。在故事的最后，他被发现倒在了印度和巴基斯坦分界线之间的无名区，这里承载着托巴·泰克·辛格。

在对病人分归的过程中，以及在他最终被发现死于界线之间，似乎都应伴随着一个血的教训。但小说并没有体现这一点。因为再也没有人会相信这两个由历史神

1　Sa'adat Hasan Manto, 'Toba Tek Singh', in *Mottled Dawn: Fifty Partition Sketches and Stories*, trans. Khalid Hassan (London: Penguin, 2003).

话的驱动所创造的国家。它们被尖锐的铁丝网和哨所围住，抹去自己以及生存的历史以证明其继续存在的正当性。否认其存在的荒谬性和灭绝的可能性。正是这片无人之地及其无法忍受的忧虑，现在，正在以各国独特的形象重塑各自的风景。

第六章
舞台（Stages）

策展、戏剧和图式：走向感性舞台
布里奇特·克朗（Bridget Crone）

策展语境
安妮塔·希拉克（Aneta Szyłak）

幕后与过程：揭示策展项目的空间装置
伊内斯·莫雷拉（Ines Moreira）

这与我们无关
文载允（Je Yun Moon）

确切地说，古希腊"城邦"（Polis）一词并不是形容地理意义上的城邦国家，而是随言行一起出现的人的组织形式，其真正的空间存在于以共同生活为目的的人们之间——无论他们身在何处。"不管你走到哪里，你总是城邦的人。"这句名言不仅成为希腊拓殖的口号，而且还表达了一种坚定的信念，即行动和言语在参与者中间创造出一个空间，从而使得参与者无论何时何地都能找寻到自己的恰当空间。这是一个宽泛意义上的展现空间，在这一空间中，人们互相展现，不像其他生物或无机物那样生存，而是明确地展示自身的形象。这个空间不是永存的。虽然所有人能言善行，但他们中的大多数——像奴隶、外邦人和古代的野蛮人，像摩登时代以前的体力劳动者或工匠、现在社会中的固有职业者或商人——并不生活在这个空间中。更何况没人能够永远生活在这个空间中。被排斥在这个领域之外，就意味着被剥夺了现实性——从人性与政治的意义上——这一现实性与展现是一回事。对人来说，世界的现实性是以他人的参与及自身向所有人展现为保证的。"向所有人展示，我们称之为存在"，一旦缺少这种展示，无论什么都会像梦一样飘然而至，又飘然而过，充斥的尽是我们自己而不是现实。*

——汉娜·阿伦特（Hannah Arendt）

---

* Hannah Arendt, *The Human Condition* (Chicago: University of Chicago Press, 1998), pp.198—199。
参见［德］汉娜·阿伦特著，《人的条件》，竺乾威等译，上海人民出版社，1999年，第198—199页。——译者注

策展、戏剧和图式：走向感性舞台

布里奇特·克朗（Bridget Crone）

> 我将尝试更严格地定义戏剧化（dramatization）：它们是动态的、由动态时空决定的、先于质性的（pre-qualitative）和广延的（preextensive），它们在深度差异分布的集约化系统中占据"位置"，将部分主体（sujets-ébauches）作为其"患者"，将观念的实现作为其功能……
>
> ——吉尔·德勒兹（Gilles Deleuze）[1]

最近，随着所谓的策展活动扩展到包括表演、各种教育性和参与性项目，当然还有讲座和放映计划，关于"策展性"的确切构成有很多争论。为这种扩展提出的定义包括：泛策展（para-curatorial）、新制度主义（new institutionalism）和教育转向（educational turn）。这些定义都以各种方式描述了策展人的活动，而不是在画廊中生产展览。本文不讨论策展实践的定义，而是将其作为一种与我们当代语境相关的非常具体的活动形式。该语境可以简略地被描述为一种加速和运动的状态，造成一场同时涉及财政、社会和文化的危机，与此同时兼具方法上的概念性。这场危机的典型表现为，从福柯式的"规训社会"（disciplinary society）模式中固有的集中化，即个人根据其特定的角色适应生活的制度化，转向德勒兹式的"控制社会"（control society）模式：一种分散的、个人主义的、高度创造性的模式。在这

---

[1] Gilles Deleuze, 'The Method of Dramatization', in *Desert Islands and Other Texts 1953—1974*, trans. Mike Taormina (New York: Semiotext(e), 2004), p.108.

种模式下，个人通过竞争性自我管理的形式不断调整自己的行为。简而言之，争论是该系统不断调制和运动中产生的一种不透明性，其中所有事物、所有时间都处于不断流变和形成之中。策展活动在这种语境下，借由一种图式运作（diagrammatic operation）的方式隐射其自身：一种试图组织或理解这个混乱而不断变化的世界的方法。因此，图式塑造了一个原本是抽象的、愚钝的和混乱的世界：作为一种图式运作，"策展性"在此将被称为"感性舞台"（sensible stage）。[1]

将策展性视为一个感性舞台，就是要通过展览结构关注主题和思想的涌现。例如，消除对策展性的这种定义或忽略围绕着泛策展的争论。相反，它主张一种实践的扩展概念，这个概念聚焦于其运作及运作导致什么可见。此外，感性舞台的概念为当前策展实践中的两种相反趋势提供了一个母题。一方面，在特定情况下出现的所谓的共同作者。这是沉浸在感性的共性中，策展人的身体被淹没在这种情况下所有身体的"共同感官"（common sensorium）之中。[2]另一方面，舞台的概念提供了在这种感性的、重新介入再现和观看的沉浸式共性之中挣脱的机会。1967年1月28日，德勒兹在法国哲学会上发表的一篇论文中提出了"戏剧化"的概念，或他所谓的"戏剧化方法"。戏剧化的概念深深植根于他早期作品的运动和表现主义之中，它为德勒兹提供了一种清楚地表达"时空动势"（spatio-temporal dynamisms）的方法，这种方法可以使观念膨胀、挥霍或"实现"。简而言之，这意味着观念不是柏拉图式需求的结果（什么？如何？），而是通过特定时间和地点固有的特定动态实现的：德勒兹称之为"特殊戏剧"。[3]通过"空间的激荡，零碎的时间，速度、方向和节奏的纯粹合成"，这种戏剧化使得主题及观念的涌现成为可能。[4]然而，由于这些主题和观念是通过情境本身产生的——通过存在于"组织之下"的地下动态，"一个充满良质并在扩展中发展的系统"——这是一个不再涌现或瓦解的持续威胁。[5]感性舞台的概念通过将舞台定位为高度可见的相遇点来应对这种模糊化的威胁。感性舞台存在于涌现的戏剧化强度（或差异）之间，并通过一种戏剧性的模式

---

[1] Bridget Crone, ed., *The Sensible Stage: Staging and the Moving Image* (Bristol: Picture This, 2012).

[2] Jacques Rancière, *The Politics of Aesthetics*, trans. Gabriel Rockhill (London: Continuum, 2006).

[3] Deleuze, *Desert Islands*, p.94.

[4] Deleuze, *Desert Islands*, p.96.

[5] Deleuze, *Desert Islands*, pp.97—98.

将其分裂[1]，这也表明了辩证力量的重申。

这种方法将策展性的"泛"（para）活动视为既定的行为，而将其关注的焦点放在可见的事物上，以及如何呈现，即相遇或"展示"的时刻。在这里，策展实践在本质上是展演性的，因为它与相遇的时刻紧密相连：它是通过将其组成部分融合在一起而实现的，而这些组成部分只能在瞬间被偶遇。此外，最重要的是，关于策展性作为一种图式活动的定义，它承认对以运动为特征的当代语境的理解。例如，这是对流动、传播和崩溃逻辑的加速，这在德勒兹和伽塔利的著作中显而易见，而当下的理论家通过这些动态描述了新自由主义当前危机的特征（我们的危机及其有效性）。将策展性视为图式运作，就是把它看作一种生产可见性的操作，正如新兴艺术家卡拉·托尔米（Cara Tolmie）[2]的作品所呈现的，这是一种为自己的实现创造舞台的行为。例如，托尔米在她的表演《无数唇线》(*Myriad Mouth Line*, 2011) 中表达了舞台的脆弱性和偶然性。表演始于托尔米穿越正方形的四个边缘，沿着正方形行走、舞动：通过一系列激烈的动作来激活她的身体。然后，她的尖叫声在正方形的每个角落有节奏地响起，她的身体在空间中追踪并激活。首先是身体，然后是通过身体发出的声音：身体穿过空间，为内在发生之事雕刻出一个空间，但发生的过程本身就是舞台的衔接：运动和形式合而为一。这是通过运动创造的结构，它是形塑的、移动的、可变的。《无数唇线》为其自身的涌现创造了一个临时的空间。因此，托尔米的表演从其自身的结构中显现出来的方式揭示了策展性的图式本质。

托尔米用电影特有的语言描述了《无数唇线》，将表演分解为一系列的五幕，她在最后的第五幕中对其进行了分析和评论。这种方法强调了她为作品所创造的空间在时间上的脆弱性。此外，这个带有电影投射过程的方式进一步阐明了作品中的偶然性，因此我们的注意力被引导到表演上，这是一个从广义无定形中显现出来的时刻。换句话说，表演的表象很可能不会显露或不可见，而是在大量的身体、图像和运动之间保持无差异。以这种方式唤起电影装置意味着托尔米能够激活一些关于电影放映本身的重要东西：它同时出现，并通过其表象发生变化。因此，这表明了

1　阿兰·巴迪欧（Alain Badiou）将他的"分裂"（splitting）或"力迫"（forcing）的概念与黑格尔的辩证法区分开了，但这种方式太复杂了以至于无法在本文中详尽。简言之，巴迪欧的分裂是一个事件，通过分裂公认的关系创造新的可能性。

2　卡拉·托尔米的表演最初于 2011 年在伦敦弗里兹艺术博览会（London Frieze Art Fair）上呈现。2012 年作为由布里奇特·克朗（Bridget Crone）策展的勒克斯/伦敦当代艺术中心双年展"感性舞台"（Sensible Stage）双年展的一部分重新呈现。

在《无数唇线》中，表演者的身体同时投射在舞台上，并为自己的表象创造（勾画、描绘、激活）舞台。因此，在激活电影装置结构的同时，托尔米强调了图像的连续运动作为身体的情感流动，正是在这种流动之中她才渐渐出现，并随着表演的进行而变得与众不同。托尔米的自我实现行为是通过舞台装置（舞台的描绘）和她自己作为出现在舞台上的主体来实现的，这是一种类似于德勒兹提出的"戏剧化方法"（method of dramatization）。

将图像（模拟或数字）的投影作为出现和实现的瞬间加以理解，这为理解图式的概念提供了一种方法，尤其是在一个影像不断地在我们周围未分化流动的世界中：它们无处不在，却又无处可寻——一闪而过的色彩，一种同时具有视觉性和通感性的色彩暗示：感觉和视觉一样重要。图像的这种抽象运动或流动不是持续的平缓或漫游的活动，而是一种迅速而野蛮的情状冲击。其中，身体和图像被折叠成一个巨大的信息浪潮，蕴含着巨大的潜能，并且对混沌驱动具有强大的作用。德勒兹将其描述为一种抽象形式，其中在陷入这一浪潮（只是随波逐流）和与之斗争以从其深处浮现之间存在着一种张力。因此，图式描述了沿着内部和外部（沉浸和涌现）折叠合并、分离、重新折叠等路径。策展性舞台沿着这些路径涌现：这是一系列压力的结果，这些压力迫使其脱离"身体的厚度"（thickness of the body）或身体的共存。[1] 以这种方式思考策展性是将策展视为一系列压力的结果，这些压力在聚集力量（或必然性）时，共同作用产生了那一刻的涌现，这就是我们所说的"舞台"的行为。

舞台的概念为理解策展活动提供了一种方法，无论是展览、基于时间的事件、谈话还是放映，都是通过（尽管有）分解和潜能的竞争运动而发生的时刻。此外，通过与戏剧、建筑、断裂和时间的词源联系，舞台是对"深层"抽象运动和延展的反作用力。因此，舞台为我们提供了双重作用，因为它可以同时识别出我们沉浸在不断展开的行动之中，同时又将我们与之分开，从而为我们提供了舞台的"外部"视角：观者的位置。塞缪尔·韦伯（Samuel Weber）在他的《媒介的戏剧性》（Theatricality as Medium）中，将戏剧性词源中的这种视觉的特权表达为"对外在性和控制力的渴望"。[2] 然而，与此同时，韦伯强调了戏剧中自我存在的沉浸式推动

---

[1] Gilles Deleuze, *The Logic of Sense*, trans. Constantin V. Boundas (London: 234 Continuum, 2005), p.178.

[2] Samuel Weber, *Theatricality as Medium* (New York: Fordham University Press, 2004), p.3.

力,即"思想与存在是相同的"。根据韦伯的观点,这种双重关系产生了一个与戏剧相关的不断分开或分离的主题,这个主题分为"生与死、观众与演员、陌生与熟悉"[1]。如果我们试图以相同的方式定义舞台的概念,我们会实现时间和地点之间的来回转换:一方面是因果关系,即它是压力和力量积聚的结果;另一方面是一种强加或分裂的结构。正是这两者之间的张力使舞台的概念变得脆弱,因为它是在因果关系和强加结构之间发生的。

就像戏剧化和图式的双重动机:一方面是对"纯粹的时空动势"的追求;另一方面是对组织和易识别性的追求,感性和舞台为强调这些力量之间的反作用提供了一种方法。阿兰·巴迪欧曾将戏剧描述为身体和文本在公众面前的结合(它是由剧院本身的场合创造的)。我们可以这样说,戏剧既是偶然的又是附随的——这是身体与文本相遇的结果——同时又是深层次的因果关系,因为它是通过这些身体的相遇而产生的。那么,对于策展性而言,这意味着它是一个程序,是通过情境产生的(它的独特性涌现自各部分之和,身体与文本的相遇);同时它又是一个外部因素——一种组织原则,将事物聚集在一起以产生新事物。因此,策展性舞台或图式是通过各种参与者(或用德勒兹-斯宾诺莎式[Deleuze-Spinozean]术语,身体)的相遇而产生的,同时也暗示了这种相遇的易识别性。因此,感性舞台的概念回应了这一情况,表明策展运作存在于内部,并通过与松散的组件或参与者的相遇而产生。通过这种方式,策展人的角色也通过策展行为产生了——它是一个同时被扮演和生产(或被生产和扮演)的部分。与此同时,舞台本身并不是一个内在的结构。它不只是像巴迪欧定义的戏剧那样,通过身体相遇或身体与文本的相遇而产生,而是通过"既定"的语言存在。也就是说,作为它自己的形式,它有自己的过去和未来。这意味着我们相遇的舞台——展览、画廊或博物馆,演讲、戏剧、放映等——所有这些都提供了一个结构框架。该框架预先存在于身体的相遇,但它们这样做是作为一种潜在的或可能的形式,其自身是通过与身体的相遇而戏剧化的。通过这种方式,感性舞台提出了一种基于二者理论之间的路径:德勒兹戏剧化的涌现强度与巴迪欧身体和文本相遇的戏剧表达。

通过感性舞台的概念来考虑策展性,这使我们能够将策展活动理解为"不断延展领域"的一部分,正如保罗·奥尼尔(Paul O'Neill)在最近一篇关于泛策展的文

---

1 Weber, *Theatricality as Medium*, p.42.

章中所建议的那样。[1] 然而，与此同时，如果我们认为当代语境是一个不断发展的领域，其特征是运动的不断加速，那么泛策展只能通过遵循积累、扩展和分散的逻辑来进一步加强这种已经占主导地位的活动形式。但另一方面，如果我们识别并利用图式中固有的矛盾，即两个术语——"感性"和"舞台"（分解和启发的相反拉力）之间的空间，通过舞台的动机作为同时提出分离和沉浸的一种手段，策展性的角色（无论"泛"与否）既是破坏的行动，又是破坏的表现。这也就是说，策展性将自身视为活动的固有部分，呈现的同时亦在不断分离。然而，正是这种立场的反身性——一种行动和撤退的无奈的二元性——使它的行动非常有力，因为它既激发了对自治的渴望，也激发了它的不可能性。

---

[1] Paul O'Neill, 'The Curatorial Constellation and the Paracuratorial Paradox', in *The Exhibitionist* 6 (2011).

策展语境

安妮塔·希拉克（Aneta Szyłak）

在开发了一系列与特定地点、建筑和历史叙事相关的项目后，我发现自己拥有了某种让人意想不到的专业知识，并将其最终称为"策展语境"（curating context）。有时，当被要求把"策展语境"作为一门"学科"来教授时，我总是会对此感到不安，好像这种学科方法会剥夺一些至今尚无法理解的要素。我怀疑"策展语境"实际上并不是一门学科或一种方法论，而是一种方法，它不仅揭示了一种理解艺术作品可能性的方式，也揭示了一种理解策展人任务的方式，不仅仅是展示作品，而是超越了艺术语境本身的限制。

人们越来越公开地要求艺术做更多的事情，成为更多，或者成为别的东西。我认为策展语境不是作为特定地点的装饰或在地发现的展示，而是作为一种激活语境并随后改变我们对这个语境的认知方式。我想在这里讨论的不是展览制作的行为，如陈列艺术作品，而是在它们之间及它们与周围环境之间制造摩擦。

我的一位同事曾经在学生面前介绍我是一位致力于"情境策展"（contextual curating）的方法论者。不管这个称呼多么令人惊讶，它都迫使我重新回顾了我对"策展语境"的命名过程。

在一个尚未成形的领域中被称为"方法论者"会导致产生一种责任感。这种责任感已经被认为是一种实践，但却不确定它是否或如何成为知识，以及这种责任感有什么样的含义。米歇尔·德·塞尔托（Michel de Certeau）在他的《日常生活实践》（The Practice of Everyday Life）中把专家定义为以能力换取权威的人。

最终，专家的权威越大，他的能力就越弱，直到他的能力耗尽为止，就像使一部移动设备运转所需要的能量一样。在转换的过程中，他不是没有能力（他要么拥有某种能力，要么让人认为他有某种能力），但他放弃所拥有的能力使他的权威进一步扩展，进一步勾画出其轨道的社会需求和/或政治责任。但是，随着他的权威不断扩展，被社会排斥，他放弃了他所拥有的能力：社会需求和/或政治责任。这就是权威的悖论：赋予权威一种知识，而这种知识正是权威在行使时所缺乏的。[1]

也就是说，我们越将我们所知道的付诸实践，就越觉得自己处于一种被认为是属于我们的实践形式之中。这使我们成为研究的对象和固定的参照点，使我们失去了创新的合法性和政治变革能力。最戏剧性的是，塞尔托写到这位专家，"他误解了他所代表的秩序，他不知道自己在说些什么"[2]。塞尔托指的是日常实践中对对象/客体、符号或传统的使用，以及这种使用赋予知识合法性的方式（包括我们周围环境的平庸、繁复和质朴）。这种专业技能会导致重复的做法，这种重复失去了行动时的大胆创新，从而成为合法的和被接受的实践形式。

这些也是我所担忧的，因为我成了所谓的"情境策展方法论者"。我可以继续以一种已经迅速成为常规实践的方式进行，而不去审视伦理或政治含义，也不质疑促使策展语境的想法慢慢成为一种知识形式的力量。

也许不值得把策展语境看作一种已经确立的实践或知识生产的形式。相反，我可能打算在它形成的那一刻对它进行检视。将其视为一种栖息在我们所负责的周围环境中的模式，作为一种与语境共存的模式。这不仅包括物质元素和非物质知识，还包括与此语境相关的每个人，以及相应的关系形式和共同叙述。让－吕克·南希（Jean-Luc Nancy）写道：

> 实践是一种意义的主体自身的无休止的转换：一种意义，它只不过是它的交流——同样，也是它的遮蔽。思想的遮蔽是它的实践：因此，思维就消解

1　Michel de Certeau, *The Practice of Everyday Life*, trans. Steven F. Rendall (Berkeley: University of California Press, 2011), pp.7—8.

2　De Certeau, *The Practice of Everyday Life*, p.8.

了它的对象，从而成为思维，即我们，与彼此，与世界。[1]

考虑到这种说法，也许我们就不应该区分翻新建筑、教学、制作艺术作品、清洁地板、建立艺术机构或发表政治声明。所有物质和非物质劳动，包括单调的工作和冲动的行为，都成为一个整体，并有助于在给定条件下采取立场。最重要的是，它只是在做必须做的事情。

所面临的问题是，这样的作品和行动如何变得可操作以识别和激活语境。我认为，这是形成术语"策展语境"的基础。这种对策展责任的不同层次和形式的理解似乎与保罗·维尔诺（Paolo Virno）的观点相一致，即区分理智、工作和行动（或者如果你想的话，理论、创制和实践）之间的传统边界已经消失，我们随处都可以看到入侵和交叉的迹象。[2]

这种情境性的活动包含了大量的实际需求，在策展的层面上，这些需求不仅影响策展的立场和决策，还揭示并激活了策展中无形的、不可预测的和不可控的因素。这让我产生了一种假设，即也许我们不是在"语境"之中策展（curating "in-context"），而是在"策展语境"（curate context）。这样做，我们不仅是在谈论艺术作品，同样的作品也成为达到意义的手段。当然，我们不能完全控制一个人可以从策展语境中学到什么。其一，语境也可能被其他事物激活，从而迫使我们承认我们没有完全控制。其二，语境使用者的注意力——绝不会是单数——也可能指向一个从我们指间溜走的"意义"，就好像它从来没有存在过一样。[3]

通过这种情境活动的思考，我并不打算为"情境策展"设定一套规则和方法，因为它们会立即成为僵化的方法论的化石目录。这里并没有试图学科化策展语境，而是将我们的注意力转向那些无法理解的、模棱两可的、重要的时刻，转向那些疏漏，那些逃脱了我们清晰的分类，使我们渴望探索更多未知的时刻。相反，我试图将各种各样的元素结合在一起，以暗示策展实践——这种实践在这里被理解为不

1　Jean-Luc Nancy, *A Finite Thinking*, trans. James Gilbert-Walsh (Stanford: Stanford University Press, 2003), p.47.

2　Paolo Virno, 'Virtuosity and Revolution: The Political Theory of Exodus', in *MakeWorld, Paper 2*, trans. Ed Emory, published on the occasion of the European Social Forum in Florence in November 2002. Available at www.makeworlds.org/node/34. Accessed on 17 August 2012.

3　参见伊尔·罗格夫（Irit Rogoff）文章 'Looking Away. Participations in Visual Culture' (*After Criticism: New Responses to Art and Performance*, ed. Gavin Butt, 2005)。她建议将目光从展示艺术的语境中移开，取而代之的是对事物进行多角度的感知，而这些事物可能不属于所展现的项目。

仅包括展览制作，还包括不同形式的社会关系的运作、艺术机构的建立、构思与启动、与财务限制抗争、挣扎于场地的现状、采取政治立场、表达不满，以及所有伴随的负担和压力。

策展语境可能是试图将视觉艺术中的策展实践形式理论化，不仅被理解为策展展示的任务，即利用艺术作品来叙述或暴露语境，而且被理解为一种让它们和我们自己都参与到对语境及其意义的具体探究中的方式。这意味着处于语境的影响甚至压迫之下。我感兴趣的是，我们可以从这些不是对语境的赞美或敬意的参与形式中学到东西。

我把语境理解为移动化、碎片化的物质与非物质元素的共时组合。它不仅包括看似占主导地位或总体视觉叙事的内容，还包括不适宜的、不需要的、麻烦的、尴尬的和无法理论化的内容。有时，语境也包含并同时掩盖了自传性的细节，这些故事由个人动机、困难和关系组成，虽然看不见，但在实践中却是可运作的。在某种程度上，它增加了一种隐藏的语境，对于那些参与语境策展的人来说，这种语境是不可接受的，但尽管如此，它仍然对策展语境有着隐蔽的影响。[1]

处理与我不可分割的一部分物质，会产生一个关键的问题，或者一系列的问题：我该如何谈论我身处语境之中，作为其中一个不可分割的部分？在成为一个独立的个体之前，我不也是一个情境关系的活跃者吗？将自身投入到此时此地，我怎么才能真正成为其中的一部分呢？我可以通过什么方式开始理解它的含义？我如何将事物、行动和想法置入到我识别的语境中，以使其变得活跃？我如何操作才能不实例化意义，而是让它发生？

策展语境是一个提出空间和时间问题的提议。它不仅仅是一个特定的地点、经济、社会或政治条件或一个在地叙事，它还包括与之相关的历史形成的层次。昂利·列斐伏尔（Henri Lefebvre）将这一社会空间称为历史的"书写板"（writing

---

1　我受到凯瑟琳·斯图尔特（Kathleen Stewart）等作家的启发，她是《平凡的感情》（*Ordinary Affects*，2007年）的作者，该书中的日常故事以一系列短篇小说的形式堆积。读者会遇到各种情境、人物和地方，并且随着书的继续而了解自己身处某处并受其影响。另一个灵感来源是 Reiser + Umemoto 于2006年撰写的一本名为《小说构造图集》（*Atlas of Novel Tectonics*）的著作，专门介绍"项目的特定现实"。这本书结合了零散和挑剔的问题，例如物质及其组织，运作形式，知识滥用及其表示等。它包含图表、插图和注释，激发我们的理解，而不是提交完整的叙述性知识体系。这些作者处理体系结构中的语境概念的方式也可能使我们感兴趣，因为他们将体系结构更多地看作是狂喜或介入，而不是对其顺从。

tablet）。

事件留下的不确定痕迹不仅仅是空间上的标记，现实中的社会也存放着它的剧本，也是社会活动的结果和产物。时间有不止一个书写系统。被时间威胁的空间总是现实和共时的，它总是作为一个整体呈现出来；它的组成部分由时间产生的内部链接和连接本身绑定在一起。[1]

这一尝试发生在我们逐渐理解知识生产方式发生变化的时刻，即策展活动有助于当今的知识生产。随着"策展"被迅速理解为举办展览的问题、研究主题、职业、职业选择及当代公共知识分子的典范，询问策展性是什么，以及它能做什么也变得越来越迫切。让-保罗·马丁提出，策展性不是展览制作，也不是策展实践或策展本身，策展性是由策展人在特定的时间和空间有意无意地促成的知识事件。[2]它具有关系/互动特征，并不关注"最终产品"（展览、会议或出版物），而是关注这样一项事业的述行式意义。我认为，策展语境是对策展性更一般概念的实际贡献——作为它的认知、情感动力。

在20世纪90年代中期的一篇文章中可以找到对策展性的思考痕迹。虽用不同的词汇表达，但有相似的意图。尽管英恩·格弗斯（Ine Gevers）使用"策展"（curating）这个术语，但在《策展：创造语境的艺术》（*Curating: the Art of Creating Contexts*）中，格弗斯的描述非常接近我们的策展理念。

策展是一种允许创造不同阐释语境的实践，包括不同的政治、社会和心理立场、理论和意识形态，同时在它们之间建立重要联系。更简单地说，它是关于开放"空间"。在这个空间中，不同的话语可以相互联系。在这个"转换空间"中，批判性和自我批判性参与都作为主要的转换媒介发挥作用。这种"空间"将把个人策略带入公共领域，是鼓励主体间性的竞技场。因此，这些想象中的语境必须在审美、伦理和认知的层面上与观察者/回应者的话语相结合，并且必须强调的不是"自主的"物或艺术作品，而是语境作为一个整体所提供

---

1 Henri Lefebvre, *The Production of Space*, trans. Donald Nicholson-Smith (Oxford: Blackwell, 1991), p.110.

2 Jean-Paul Martinon, 'Theses in the Philosophy of Curating'.

的象征过程,以及它的所有组成机构共同作用的转化。[1]

然而,格弗斯并没有详细阐述策展性的事件或情感潜力,并且忽略了这样一个事实,即策展性使之成为可能的不仅仅是对公众的单一陈述,而是一种更复杂的暗示形式,这种暗示形式还包括那些导致这一过程的人或那些似乎以关系和互惠的方式在这一过程中处于边缘地位的人。[2]此外,人们可以说,她创造语境的意思是刺激互文关系。我认为,语境是一个已经存在的条件,我们识别并介入其中。因此,我们可以在某种意义上策划它,即我们介入自身、事物或故事,以便激活它。但是,格弗斯对这一讨论的贡献在于,她呼吁在艺术研究或呈现艺术作品的阶段之外,活跃事物、思想、主体和空间之间的关系。她处理开放"空间"的方式,随后可以成为一个"主体间性的竞技场"(arena of inter-subjectivity),为我所称的"策展语境"奠定了基础。在我们现在所说的策展性中,格弗斯认识到了我们意想不到的潜力。

在考虑策展语境与策展性的关系时,重要的是找到我们如何有效地与语境互动——无论是叙事、在地,还是物质的残余——一种在不重要的地方经常被视为理想主义议程的活动。我们必须扪心自问:如何在识别、发掘或挑选语境的同时将其激活,而不只是局限于了解当地历史或特殊的异域事物?当地如何成为引发新可能性的中介?我们如何进入一个境况,并在它不稳定的语境中生存?我们如何处理"情感总是在地的"这一令人不安的事实呢?[3]我们如何影响(被影响)分散的叙事和反叙事的强化、虚构、伪造、失败的经济、消逝的关系和物质损害?

语境中包含的事实信息、说明和解释都与情感情状及其遭遇融为一体。所有这些都提供了对所发现的(空间的、物质的、关系的、政治的、文化的、伦理的、经济的或历史的意义——不管是个人的还是经验的),以及格弗斯所说的"想象的意义"的洞察力。[4]语境不仅包括"有什么",还包括我们识别它的能力,因此它取决于这种相遇的关系潜力。我们根据所发生的事情,所采取的行动及所产生的一系列影响,从语境中学习。这样,制作一个展览既建立了语境(一个解释性的语境),

---

1　Ine Gevers, 'Curating: The Art of Creating Contexts', in *Conversation Pieces* (Maastricht: Jan van Eyck Akademie, 1995), pp.41—42.

2　伊尔·罗格夫(Irit Rogoff)在 C/K 研讨会上发表的论文 "Looking Away: Participations in Visual Culture" 或 "The Implicated" 中多次探讨这一问题。

3　Joke Buver and Arjen Mulder, *Feelings are Always Local* (Rotterdam: V2 Publishing, 2004).

4　Gevers, 'Curating: The Art of Creating Contexts', p.41.

又建立了它的互文关系。对我来说，推动我理解语境的主要思想是一个更广泛的概念，即语境是由我们周围的事物所决定的，它代表了一个复杂的、多面的条件，超出了所展示的艺术语境。

我们倾向把语境看作一个框架，但事实上，语境并不是固定的。它的边缘是模糊的；它的纹理丰富且交叠。它作为一种预先存在的秩序，一种周围的条件（物质的、经济的、历史的、视觉的、文本的和/或政治的）而存在，但它具有重读复写之意。语境是知识的储藏库，只有在策展实践中才会显现出来。与之相伴的是，实践是对周围可见的和不可见的特殊性的一种反应，并作为一种介入方式发生，使语境（无论我们是否属于它）充满活力。这些可能的活动有许多层次，既有有意为之，也有自然生发。

语境实践并不是为了挖掘语境的深度，使其变得可被理解或可见。这是一种干扰行为。的确，将自己定位于某一语境所提供的有限潜力导致我们对它进行灌输、介入、强化和复杂化。我们不是从语境中获取东西，而是把东西介入其中。语境使什么成为可能？基础、理解、政治参与、对道德要求的责任、知识生产？这是我们试图发现的一部分。策展人不能解决问题，也不是善意的能动者。它不能解决社会问题，但可能导致共同的语境产生我们能够识别的表达模式。

后记：你的苹果掉入我的花园：关于语境的两种看法

在格洛斯特路（Gloucester Road）

……我们和吉哈特、俞云、伊涅斯坐在伦敦格洛斯特路的一家餐厅。俞云和伊涅斯在聊天，但我真的不知道两人在说什么。我慢慢地喝着热气腾腾的伯爵茶，努力向吉哈特解释异化（estrangement）的概念。这个概念是我为伦敦展示中心的一个策展项目准备的，但我的努力失败了，因为我仍然在构思我的想法。

……因此，我们谈论的焦点在自身的研究和写作及异化概念和即将举办的展览之间来回跳跃，当然，还有音乐，吉哈特谈论音乐的方式。有时他会谈到"一个争论"（a taqseem，阿拉伯语）这种即兴创作音乐。你是什么意思？你住的城市有塔克西姆广场，对吗？我想这意味着一个临时的空间？不，我认为广场的名字源自另一层意思，即"分离"。就像数学，你懂的……然后，我开始意识到这就是我花了一个小时试图向他解释的关于异化的概念。对我来说，这可以理解为一个临时搭建的分离点。这是关于把不可避免的分离变成重新连接的可能性。

与此同时，我意识到我不能给他一个定义或试图找到一个同义词。异化只能被编码为一种文化形式。它展现了自己。它显现出来了。它培养好奇心。它考虑到了可能性。

形式是一场仍需要意义的斗争。

一封未寄出且未签名的信

* * *

……所以现在我必须忘记你，我最亲爱的人。被爱、渴望和欲望吞噬，我们不得不一个接一个地遗忘彼此。

比弗（Phanco "Bifo" Berardi）提到我们必须开始渴望彼此，并再次成为身体。但是既然我们要分开，除了我们正在失去的人之外，就没有其他人了。

从这个意义上说，这种分离比在一起更有潜力？异化与不完备（incompleteness）的渴望有很大关系。它给了我们一种延续，而这种延续是共享的生活没有给我们的。我们不知道我们什么时候会最后一次接触对方，但不可避免的是我们第一次接触对方。

亲爱的，异化拒绝让我们走到一起。

在我的国家，法律规定，如果一个果实从树上掉下来，落在你的邻居的花园里，它就属于你的邻居。我们让自己树上的苹果落到对方的花园里。我的苹果在你的花园里。你的苹果在我的花园里。它们继续落下，但不确定会持续多久。

那么我们该怎么办，亲爱的？人们可以想象它们。人们可以把它们捡起来吃掉，或者让它们腐烂。看着你的苹果种子长成新树。你的苹果正掉进我的花园里。

写于格但斯克、柏林、苏莱曼尼亚和阿姆斯特丹之间的航班上

幕后与过程：揭示策展项目的安装现场

伊内斯·莫雷拉（Ines Moreira）

> 实践必然牵涉物质性。正如物质性对于实践来说是必不可少的一样，它对于实践中的认知过程来说也是必不可少的。简而言之，认知是物质的。
>
> ——万达·奥利科斯基
> （Wanda J. Orlinkowski）[1]

展览制作是策展项目技术性、实用性和非话语性的延伸。通常情况下，人们认为其与研究关系相去甚远，且将其视为并不乐见的物质和实践层面的附属。展览制作类似于某种生产流程：规划、勤务、设置、安装和施工。它的过程性条件使人想到了幕后，既是生产性

图5　特尔莫·多明格斯（Telmo Domingues）纪录片《展览建筑及其相关制作》（*Making of the Exhibition Buildings & Remnants*）的剧照，策展人：伊内斯·莫雷拉（Ines Moreira）、安妮塔·希拉克（Aneta Szylak）、吉马良斯（Guimarães），2012年，欧洲文化之都（European Capital of Culture）

1　Wanda J. Orlikowski, 'Material Knowing: The Scaffolding of Human Knowledgeability', *The SeeIT Project at MIT* (October 2005): 3. Available at http://seeit.mit.edu/Publications/OrlikowskI_OKLC_write–up_2006.pdf. Accessed 10 January 2012.

空间，也是抽象性实践。

　　幕后可以支持项目建设和实施。它与建筑或工程中的施工现场条件类似。它们都是极具过程性的空间——临时建筑的施工现场。幕后的概念（如在剧院或音乐舞台上），指的是为表演提供技术和后勤支持。其也代表一种未完成的状态，或制作未实现的地方。幕后产生展览，拓展艺术工作室，并创建了由空间安装到场景布置的展览结构。

　　考虑到制作角度，我们对其状态、过程和对象的不完整进行思考。首先对"过程"和"物质"的概念展开分析。技术科学研究探索的是技术对象，而非直接减少其技术陈述或其主要技术功能。这些研究能为我们提供探索展览制作过程条件的工具吗？针对这些研究进行的辩论中，有很多作者提出了涉及过程性和物质性的概念。部分概念提供了有关客体、过程和物质概念的网络和／或框架，从而得出精确的词汇：事物（马丁·海德格尔）[1]、技术对象（吉尔伯特·西蒙栋）[2]、部分客体和聚合体（吉尔·德勒兹）[3]、准客体（米歇尔·塞尔）[4]、文字隐喻和赋形（唐娜·哈拉维）[5]、行动者网络和行动者（布鲁诺·拉图尔）[6]、复杂述行式寓言（约翰·劳）[7]。

　　我们能够回想起策展研究和实践、过程性和物质性及对象和动因的交集点吗？如果我们不将展览制作理解为研究之中避免不了的实践，而是作为概念性和话语性研究项目的延伸，将会如何？

　　1　Martin Heidegger, 'The Thing', in *Poetry, Language, Thought*, trans. Albert Hofstadter (New York: Perennial Classics, 2001).

　　2　Gilbert Simondon, *Du mode d'existence des objets techniques* (Paris: Aubier, 1958).

　　3　Gilles Deleuze and Felix Guattari, *Anti-Oedipus: Capitalism and Schizophrenia*, trans. Mark Seem (London: Athlone Press, 1983).

　　4　Michel Serres, *Le parasite* (Paris: Grasset, 1981).

　　5　Donna J. Haraway, *Modest_Witness@Second_Millennium. FemaleMan©_Meets_OncoMouse: Feminism and Technoscience* (London: Routledge, 1997).

　　6　Bruno Latour, 'On the Difficulty of Being an ANT: An Interlude in the Form of a Dialog', in *Reassembling the Social* (Oxford: Oxford University Press, 2005), pp.142—156.

　　7　John Law, *After Method: Mess in Social Science Research* (London: Routledge, 2004).

过程性概念（Processual notions）[1]

在著作中敏锐地对空间的过程性提出概念方法的两位作者，布鲁诺·拉图尔（Bruno Latour）和阿尔贝纳·亚涅瓦（Albena Yaneva），他们在理论上非常相近。拉图尔的《请问，我们还能找回我们的唯物主义吗？》（*Can We Get Our Materialism Back, Please?*）[2]是一篇引言，为亚涅瓦的《公车遇到博物馆：走近艺术家、策展人和艺术装置工作者》（*When a Bus Met a Museum: Following Artists, Curators and Workers in Art Installation*）[3]一文提供了核心论点。在文中亚涅瓦通过解决展览制作的相关问题来对论点进行扩展。

拉图尔和亚涅瓦都关注物质性和过程性，并对客体性（the objectual，因此传统的知识线性）有一定的批判。他们的观念使我们开始考虑用于研究展览隐藏过程的批判性方法，简而言之，即为"客体的生产过程"或"客体的展示过程"。如拉图尔所述，若客体严格遵循实际来进行生产，那么客体将会执行不同的网络，积极地将其他行动者和网络组合起来。拉图尔唤起了我们对行为动因网络互连的思考，正如在科学实验室或技术建构中一样，而亚涅瓦则以"行动者网络理论"（Actor-Network Theory）中对艺术装置制作的详细民族志方法进行了探索。

布展过程为观察艺术装置制作提供了可能，尽管这一过程可能是模糊的、不明确的，但仍为博物馆提供了作为机构、收藏或展示的隐敝入口。亚涅瓦对其进行了探索。

> 机构理论和物质文化研究很少关注这样一个事实，即展览开幕前的博物馆是一个怪诞的世界，里面有很多各不相同的展品。在此，须将"博物馆"理解为一个参与艺术制作工作的准技术网络（quasi-technical network）：它既是一

---

1 这篇文章展示的图像是展览的一部分，该展览是我与 petit CABANON 设计的场景。该展览名为"为了生命的艺术，为了生存的艺术"（*Art for Life, Art for Living*），于 2011 年 5 月在巴塞罗那举行。策展人：Laurent Fiévet 和 Silvia Guerra；空间：petit CABANON (Ines Moreira + Paulo Mendes)；艺术家：Isabelle Le Minh, Jean Denant, Quentin Armand, Alejandra Laviada, Mauro Cerqueira, Raul Hevia, Jonathas de Andrade, André Guedes (gasworks), Wind Ferreira (Palais de Tokyo), Sergi Botella, Mariana Zamarbide (Hangar)。

2 Bruno Latour, 'Can We Get Our Materialism Back, Please?' *Isis* 98, No. 1 (March 2007): pp.138—142.

3 Albena Yaneva, 'When a Bus Met a Museum: Following Artists, Curators and Workers in Art Installation', *Museum and Society* 1, No. 3 (November 2003): pp.116—126.

个安装现场,也是一个装置设置。[1]

从展览的反向角度(即不从观众或前提概念角度)出发,或者说从展览的建构性、偶发性或其他相关关系出发,亚涅瓦的实地报告在有关展览制作的概念与过程之间,在正式策展计划与博物馆背后愈加僵硬的机制结构之间拓展了空间。

从街道追踪一辆公交车,通过精确的技术,一个异类团体将这辆公交车"变成"博物馆画廊空间中的一个艺术装置,亚涅瓦称:

> 跟随行动者去体验客体的磨难,这一连串操作暴露了装置本身的物质化,并显示出整个集合在空间中的行动面貌。艺术过程并非只存在于某个单独的艺术头脑中、某个天才的想象中,而是分布在某个可见的集体之中。[2]

在"呈现"中,客体的稳定过程可谓长路漫漫。在这个过程中,客体的稳定性是由一系列动因和行动共同定义的。

对艺术装置设置的关注产生了两个卓有成效的概念,可以帮助我们扩展思维:一是,设置作为"生成艺术的过程"(a process of becoming art);二是,生产作为展示"艺术对象的不稳定状态"(the unstable state of the art object)。两者都源自对制作过程的物质性和技术性特质的描述,同时考虑到了制作过程中的日常状况和突发情况。

首先,"生成艺术的过程"这个概念指的是展览制作中的人、物与技术之间的关系,即将艺术装置制作视为集体性或异质性行动。

> 一个小的集体形成于此刻……这个集体包括公交车、木制平台、工人、技术人员、他们使用的工具、相互间开的玩笑、彼此间的争论和谈判。它由技术经理和策展人、彼此间的谈话、笔记本、质疑和安全措施组成……当艺术家命令公交车从左到右移动并再返回时,他在瞬间以可逆的方式替换了这个集体。显然,公交车也在生成艺术的过程之中。[3]

"生成艺术的过程"的时间跨度并不精确,在其关系网络之中也是随机应

1　Albena Yaneva, 'When a Bus Met a Museum', p.117.
2　Albena Yaneva, 'When a Bus Met a Museum', p.118.
3　Albena Yaneva, 'When a Bus Met a Museum', p.122.

变的。

第二个概念令人困惑,需要通过对象的行动、动因和过程进行定义。因此,对象在"不稳定状态"下是无法被明确定义的,它只能在行动中被描述。

> 为了分析公交车在站台的位移、清理程序和杜菲大厅中的一些小型临时事件,我试图通过一系列无限小的重复运动,展现艺术生产中的不确定性。这种方式不仅使我们通过对象的组成(物质或符号)对其进行定义,还可以通过它们被打开或关闭、扩散或聚拢、增值或削减等特定方式来定义。……艺术的生成可以通过描述其安装的过程来跟踪。[1]

这种在重要时刻的不稳定性与"混乱""困惑"和"相对无序"的概念非常接近,约翰·劳[2]将这些概念作为认知、描述和创造新现实的模式。

呼吁唯物主义(Call for materialism)

布鲁诺·拉图尔对客体有着深刻的概念认知。他明确地指出,一个技术建构不仅是各部分的堆砌总和。他提倡物质唯物主义(material materialism),反对笛卡尔的观念唯物主义(idealist materialism)。在拉图尔短小精辟的文章《请问,我们还能找回我们的唯物主义吗?》中,一个核心问题就是取消对客体的物质性还原,使其成为技术再现形式。

> 对于任何一部机器而言,一方面要符合工程师规定的规格,另一方面要保持运行而不生锈腐烂,这就需要我们接受两种截然不同的存在方式。换句话说,在几何学、静物画和技术制图的漫长历史所发明的空间内的存在,与在必须抵御腐烂和腐蚀的实际空间内的存在完全不同。但为什么我们经常觉得事物本身是由部分组成,就如那些技术制图所绘,它们无限期地存在于一个永恒的、不变的几何化的空间?[3]

---

1 Albena Yaneva, 'When a Bus Met a Museum', pp.125—126.
2 John Law, *After Method: Mess in Social Science Research* (London: Routledge, 2004).
3 Bruno Latour, 'Can We Get Our Materialism Back, Please?', p.139.

拉图尔的"唯物主义"不单纯是零部件在技术上的简单组装，重要的是要理解即便计算出展览中所有建筑结构（胶合板墙和木制楼梯等）的泥凝土梁或金属桁架，也不能将它们之和等同于技术对象这一概念及其完整意义。在安装（或设置）的过程中，修理、维护和拆卸，以及其栖居和生产的经验维度仅是"物质"诸多特质中的一部分。

拉图尔"呼吁唯物主义"的文本触及了策展工作中的两个概念：一是，"框定"行为（act of enframing），通过静止画面边界来描绘画面的行为；另一个更为抽象的概念是"不透明度"（opacity），妮娜·蒙特曼（Nina Montmann）在对当代艺术制度建设的重要修订中提到了这一点。她主张将不透明度的权利作为一种模式，以便在机构内生成实验空间。[1] 这两种概念相互对立。第一个限定物体，第二个增强过程，这进一步指出"物质唯物主义"的问题。拉图尔所谓的"框定"，是与策展研究领域密切相关的问题。

> 将物质唯物主义从观念论中独立出来的典型方法，即"框定"（enframing）。它对作为物的技术和作为对象的技术的不透明度进行了解释，在广延物（res extensa）的模式下的绘制可以完全隐藏。分解式描述的原则可以克服与纳入人工制品方面有关的主要问题，即不透明度。换句话说，它所绘制的对象看似可以轻易掌握，而实际上它隐藏了技术物的基本存在模式（借用吉尔伯特·西蒙栋提出的概念）。[2]

对物质唯物主义的呼吁，完全暴露出对技术的某种否定（或抵抗），使"实验/偶发"的状态保留在物的不透明度之中。唯物主义具有不透明性，并隐藏着一个"秘密"（如德里达所述）。人们将其作为一个可以被执行和合取物（如海德格尔所示），并非将其作为组成抽象之物的纯粹碎片。某些物的"不透明性"正是其物质主义的展现，通过它可以避免其客观的再现。"厚物"（Thick objects）在不透明条件下也体现了唯物主义的展演性（performativity of materialism），这加强了我们对展览制作和策展项目在空间维度的关注。

1　Nina Montmann, 'Opacity: Current Considerations on Art Institutions and the Economy of Desire', in *Art and its Institutions: Current Conflicts, Critique and Collaborations*, ed. Nina Montmann (London : Black Dog Publishing, 2006), p.100.

2　Latour, 'Can We Get Our Materialism Back, Please?', p.141.

揭示安装现场（Unfolding installation sites）

从开幕到结束的这段时间是一场展览最稳定、最客观的时期。布景、安装和技术因素中不确定的规定，或混乱的程序设置，往往从展览中被抹去，尽管同期平行的文献记录或会与之大相径庭。但是，只有我们强调策展活动的复杂性和多维性（设计、生产、实体化和组装过程），并在过程性空间中的某些策展实践中有所领悟，才可能接近空间或空间生产的"过程性"本质。

大多数"设计"的空间装置或舞台布景涉及专业的技术团队（博物馆、画廊、剧院），这些团队遵循的计划和协议趋于保守，常会保留严格的应急余地，这阻碍了过程性的思考。相比之下，在更多关于雕塑、艺术装置或与社区合作的实验性项目中，常发现空间设计师会参与展览的搭建和制作；同样的情况也发生在艺术家运营的空间和自我组织的项目，在这些项目中，策展人、建筑师或艺术家往往会参与展览的设置过程。

从在街道、后院和人行道上收集零碎材料，到与其他创作者分享和交换，福克·科贝林（Folke Kobberling）和马丁·考特瓦瑟（Martin Kaltwasser）[1]一直在探索和践行似乎已从当今城市中消失的传统日常实践：修复、改造和自建。他们的艺术装置或将公共空间发现的材料汇集在一起，循环运用到新的公共结构中（花架、凉亭、公共汽车站、广场）；或将展会上的材料重新使用在新的展馆和展台中；或对所发现材料的表达性和物质性进行新艺术探索，将其作为环境开发和消耗的批判。他们和志愿者一起，偶尔还有一些熟练的工匠一起，选用材料来进行改造和制作，用 DIY（自己动手做）技艺和美学创造大型空间的艺术装置。

他们的一部分研究探索了在自建环境中如何发现并推进政策制定：例如他们采用模型作为实验方法，呈现了土耳其法律门槛之下贫民窟（gecekondu）施工程序中的违建行为。他们收集、组织和储存材料的需求，催生了放置材料和建筑资源的仓库 Baustoffzentrum；这些材料按木材类型、颜色、形状等类别组织起来，以供未来转化为艺术装置、展览空间或城市介入。

例如，在柏林艺术论坛的 IFA 项目（2007 年）中，他们改造了其代理画廊安

---

1 福克·科贝林（Folke Kobberling）和马丁·考特瓦瑟（Martin Kaltwasser）是一对艺术家和建筑师夫妇，他们共同开发展览、装置和临时性的城市干预措施，质疑社会对建筑材料作为资源的使用，以及对新建筑政治和经济的质疑。关于福克·科贝林和马丁·考特瓦瑟的作品，请访问：www.koebberlingkaltwasser.de。

塞姆·德雷赫（Galerie Anselm Dreher）的展台。由于艺博会的物质性放大了博览会典型的"设置/拆除"式的周期问题，艺术家/建筑师通过使用之前从电器商业展会上收集的材料，设计并建造画廊的展台，从而在空间上对其经济周期问题进行调整。科贝林和考特瓦瑟的工作方法改变了专家（无论是建筑师、艺术家还是策展人）的职能，使其积极参与到了项目的生产过程和材料需求之中。这种职能不同于在大多数建筑、布景或策展相关的理想化项目中的那种，因为那种工作模式下的项目，在某些情况下，既不能在展览制作中落实，也不能在前期形成对材料的明确想法或文字转化。

科贝林和考特瓦瑟已经将他们的概念方法发展为一种"策展性思维"模式。他们组织活动、工作坊、会议、教育平台，从而扩展了布景或空间装置的界限。他们开放式的项目及项目制作，成为参与过程性和物质性活动的文化与策展项目。

过程性可以作为策展项目制作和思考的一种相关模式来进行探索。从不同的实践中产生的"物质对象与空间"，依赖于幕后不同程度的参与。除了物质对象本身，幕后作为对象背后的另一层次，呈现了创造它的过程。

我们将聚焦于由幕后引发的传统术语转化：实践（展览制作和展览设计）是策展人的一种参与模式，也是一条通往对象—过程—空间关系的曲径。它要求人们对作为物质概念的展览和作为实践者的策展人进行反思。

过程性思维使人们将展览制作也视为策展观念的一部分，并视物质空间及其技术细节为策展项目的不同层面。有别于传统研究人员的监督和被动观察，策展人以积极参与者的身份进行相关工作。作为协调者和重要观察者，更深入的参与会使策展人接近于一位执行者，超越见证者的职能（阅读、写作和思考），因为他/她可以介入物质性过程，拓展参与空间，并探索实验/应急如何作为研究和实践模式。

策展人是展览制作过程的统筹者、概念提出者、协调者，同时也是积极参与并对制作过程有深刻认识的执行者。策展可以是一种介于对象—过程—思想—物质—文本—运输—概念—物流之间的工作模式，从概念上探索自身的生产过程是否具有可行性。展览制作的过程性、展览空间的物质性和生产过程的展演性都可以作为策展知识被人们进一步探索。

这与我们无关

文载允（Je Yun Moon）

这不是关于我们这些策展人的事。策展人作为一种新的权威人物，一种不断发展的职业，或者一个自给自足的机构，在这里都不是问题所在，这与我们是谁，或我们做什么无关。讨论策展人作为一种新的权威形式，或一种新的强大的代理人在艺术世界中崛起的新地位，实在是太单调乏味了。任何一种制度、经济中都存在着霸权地位。一种霸权取代另一种霸权有什么特别之处呢？以这种无休止的识别性驱动力来定义策展人，这在很大程度上归功于现代主体机器。该机器以夸张的方式生产出自给自足的、独立的个体，作为世界整体图景的基本单位。

相反，这是关于我们，策展人，在最广泛的意义上发生的事。如果一个人抛弃了一个异质规范的特权白人男性主体提出的"活在你自己的头脑中"（Live in Your [own] Head）的主叙事，那么他就有可能展开对策展人主体的本体论基础及其与他者的关系的新理解。[1] 是的，我在这里谈论的是一个驱动术语，它立即需要一个与策展人不同的反思空间。到目前为止，这种反思空间还未被令人满意地表述为"策展性"（the curatorial）。

这里需要强调的是，"策展性"一词并不是描述专业策展人运作模式的形容词。也就是说，策展人不是首先存在，然后策展恰好是它的运作方式。"策展性"一词不再指一个特定的角色或职位，它是一个驱动词。通过它，我们可以开始与现代主

---

1 "活在你的头脑中"（Live in Your Head）是历史展览"活在你的头脑中：当态度变成形式"的简称。该展览 1969 年由哈罗德·史泽曼（Herald Szeemann）策划。

体机器的当务之急进行协商。

我感兴趣的是"策展性"的述行式层面，以及它的话语对现有的无休止地消耗我们的识别机制的作用。通过将讨论空间从策展人转移到策展性，这里讨论的是一种新的运作模式，它脱离了我所说的流水线模式：自给自足的专业个人聚集在一起，为彼此的产出做出贡献。这些产出一个接一个地累积起来，构成最终的工作：展览。

一旦我们通过说出"策展性"这个词脱离流水线模式，我想表达的就是"编舞式的运作模式"。就像策展性与专业策展人的运作模式无关一样，编舞者的运作模式也不一定与专业编舞的运作模式有关。当然，这并不意味着在当代编舞实践中找不到一种编舞式的运作模式。但我想在这里提出的是，总的来说，一种编舞式的运作模式开启了一种与现代主体机器识别驱动力的新关系。这是如何成为可能的呢？

从一开始，编舞就一直是书写的行为。[1] 通过这种清晰的舞蹈设计方法，可以将两种截然不同的含义放在一起：分别书写出一个人的动作和另一个人的身体。然而，在书写一个人的动作与另一个人的身体之间并没有自然的转移。但是，将它们组合在一起的技术使舞蹈编排与西方历史上的现代学科发展出特殊的联系。

第一次讨论发明这项新技术的必要性，其后来被称为西方历史上的编舞，可以在1589年的《奥奇西记》（*Orchésographie*）中一位耶稣会牧师/舞蹈大师托诺特·阿尔布（Thoinot Arbeau）和律师卡普里奥尔（Capriol）的对话中找到。安德烈·莱佩基（André Lepecki）在他的著作《筋疲力尽的舞蹈》（*Exhausting Dance*）[2] 中也介绍了这一点。当这位年轻的律师意识到舞蹈艺术易受时间流逝的影响后，他恳求他的主人把他的动作书写下来。在这里，书写不应该被理解为从属于逻各斯中心主义（Logo centrism）[3]。换句话说，书写不仅仅是一种不如大师的实际动作的代表性的手段。相反，书写技术的运用是为了记录随着时间流逝的动作。换句话说，书写抓住了大师的主体性，以便重复它的表演，从而在他死后保存下来。

多亏了这项新技术，已故大师的动作找到了一种永远存在的方式。这种存在

1　从词源来看，编舞（choreography）一词的意思是：身体（合唱，chorea）+书写（描述，graphy）。

2　André Lepecki, *Exhausting Dance: Performance and the Politics of Movement* (London: Routledge, 2006).

3　逻各斯中心主义（logocentrism，亦称逻辑中心主义）是20世纪20年代由德国哲学家路德维希·克拉格斯（Ludwig Klages）提出的哲学概念。逻各斯中心主义指的是把词汇和语言看作是对外部现实的根本表达的西方科学和哲学传统。——译者注

不仅表现在学生之间的社交活动中，而且也体现在他青年时代的同伴聚在一起纪念他。[1] 通过允许主体的先验存在以这种方式存在，编舞——后来表现为西方现代性发展中的一套异质的权力关系——在现代主体机器的构建中发挥了积极的作用。然而，这个超然的主体总是从一开始就为他人的身体（包括自己的青春）书写自己的动作（这不一定是解放）。这就是为什么舞蹈设计被认为——借由汉娜·阿伦特（Hannah Arendt）所表述的[2]——只是为另一个人提供了一个"表象的空间"。这在一个人为自己编舞的情况下不会改变。这正是使当代舞蹈设计实验与现代主体机器发展新关系的地方，不同于流水线模式。

在这种背景下，见证当代舞蹈设计实验是如何表现舞蹈设计的运作模式是非常有趣的。这种模式通过不断地与舞蹈设计概念中固有的可能性条件进行协商，为思考开辟了一个新的空间。在这里，我想到的是编舞家们提出的建议，如布里斯·查马特兹（Brois Charmatz）、杰罗姆·贝尔（Jérôme Bel）、简·里塞马（Jan Ritsema）、克里斯汀·德·斯梅特（Christine de Smedt）、埃斯兹特·萨拉蒙（Eszter Salamon）、泽维尔·勒罗伊（Xavier Le Roy）和乔纳森·布伦斯（Jonathan Burrows）等。虽然不可能把它们放在一个大的范畴下，但是在它们的实践之间找到共同点和相互关系并不困难。融合最明显的例子之一是认识到编舞概念中固有的可能性，这是一种打开对主题不同理解的强大动力，一种通过为他人身体写作来构建主题的方式。在这样做的过程中，这组编舞者开始为完全不同于他们在舞台剧中的历史先例的项目使用编舞。

对我来说，在他们的操作中似乎至关重要的是，这些编舞从来没有停止过玩弄编舞概念中固有的限制。他们不仅翻转了允许主体为他人身体写作的条件，还无休止地带回主人的声音而不重复它。通过这样做，他们将传统舞蹈实践的现有限制转化为材料，允许他们建立我所说的"认识论博弈"（epistemological games）。我在这里所说的认识论博弈是指保持"可质疑性"的有趣工作，以便不断地与现代主体机制中被限制的可能性条件进行谈判。[3] 这就是为什么由这组编舞者建立的认识论博弈不仅应该真正被认为与冲动的游戏不同，而且应该被认为是超越黑格尔二分法下

1　Lepecki, *Exhausting Dance*, pp.26—27.
2　Hannah Arendt, *The Human Condition* (Chicago: University of Chicago Press, 1998), p.198.
3　伊尔·罗格夫（Irit Rogoff）在 2012 年 6 月 16 日的"策展 / 知识"（Curatorial/Knowledge）研讨会上阐述了"问题意识"（questionability）。

的历史先锋精神。

总的来说，他们的认识论博弈有助于重新思考一个人如何与永无止境的现代主体机器形成关系，这并不否认它的永恒运作。他们的认识论博弈从未试图将主体"分子化"为"物理美学模型"。[1]相反，他们在"克分子"主体（molar subjects）之间创造了一个游戏，以便不断地与可能性条件进行协商。然而，这种精心设计的运作模式显然不同于网络运作，因为它不是基于自给自足的主题来促进交流或进行多次接触的。

就策展性而言，由当代编舞实验建立的关于编舞学科的认识论博弈，允许在策展实践和策展工作模式之间创建距离。同样，通过编排思考策展性与扩大实践领域的概念无关，该领域类似于实践和意识形态的大熔炉。编舞式的运作模式挑战或扰乱了策展人主体概念的基础，而策展人主体概念又与之和谐相处，保持与其他学科的关系。

因此，通过编舞式的运作模式来重新思考策展性，为策展实践开启一种不同的认知。策展实践从来都不是关于我们自己，也从来都不是关于我们应该制作的最终产品。在这个词最广泛的意义上，它一直是为他人的身体书写的一种方式。在这些为他人身体书写的多重过程中，我们之间发生的事情会被呈现出来，并且在这个过程中产生了与现代主体机器不同的关系。

---

[1] 当伊夫·西顿（Yves Citton）讨论由新斯多诺斯哲学家提出分子主体时（反对Rancière提出的"克分子"主体），他提到了"物理美学模型"（physic-aesthetic model）。"Political Agency and the Ambivalence of the Sensible", in *Jacques Rancière: History, Politics, Aesthetics*, ed. Gabriel Rockhill and Philip Watts (Durham: Duke University Press, 2006), p.129。

撰稿人

阿里拉·阿祖莱（Ariella Azoulay），在美国布朗大学的现代文化与媒体和比较文学系任教。近期的著作包括：*From Palestine to Israel: A Photographic Record of Destruction and State Formation, 1947—1950*（Pluto，2011 年）和 *Civil Imagination: The Political Ontology of Photography*（Verso，2012 年）和 *The Civil Contract of Photography*（Zone，2008 年）。此外，她还是 *The One State Condition: Occupation and Democracy between the Sea and the River*（Stanford，2012 年）一书的共同作者（与 Adi Ophir 合著）。作为策展人和纪录片制作人，她的近期项目包括"潜在历史"（*Potential History*，Stuk / Artefact，卢旺达，2012 年）和"民间联盟"（*Civil Alliances*，巴勒斯坦，47—48，2012 年）。

更多详情参见：http://cargocollective.com/ariellaazoulay。

阿尔弗雷多·克莱门特蒂（Alfredo Cramerotti），作家、策展人和编辑，工作范围涉及电视、广播、出版、写作和展览制作领域。2010年，他参与策划了欧洲宣言展（Manifesta 8），以及 2013 年第 55 届威尼斯艺术双年展的马尔代夫馆和威尔士馆。他曾担任威尔士默斯汀当代艺术画廊、巡回项目"公共秘密之城"（AGM Culture and Chamber of Public Secrets）的艺术指导。他是威尔士大学欧洲摄影研究中心的研究学者，同时，他也是智识出版（Intellect Books）的"批评性摄影"（Critical Photography）系列的编辑。其出版的著作有 *Aesthetic Journalism: How to Inform without Informing*（2009 年）。

布里奇特·克朗（Bridget Crone），策展人、作家，生活工作于伦敦。2006 年至 2011 年，她担任巴斯媒体艺术（Media Art Bath）的总监，该机构致力于表演动态影像实践方面的新作品。项目包括：*Eye Music for Dancing*（Flat Time House，伦敦，2012 年）；*The Sensible Stage*（Holburne Museum and various venues，巴斯，2007 年；Whitechapel Gallery，伦敦，2008 年；ICA，伦敦，2012 年）；*The Body The Ruin*（Ian Potter Museum，墨尔本，2005 年）。其出版的著作包括 *The Sensible Stage: Staging and the Moving Image*（Picture This，2012 年）。这本论文集聚焦于动态影像、表演和剧院之间的关系。她目前任教于伦敦大学金史密斯学院。

安斯曼·达斯古普塔（Anshuman Dasgupta），艺术研究者、策展人，自 1997 年开始任教于维斯瓦·巴拉蒂大学。他曾就读于维斯瓦·巴拉蒂大学和密西西比大学的艺术史专业，以及印度电影电视学院（F.T.I.I.）的巴罗达和电影欣赏专业。他曾为 LKC、Marg 和 de Appel 撰写多篇文章。其论文被收录于 *Contemporary Sculptures*（Marg，2000 年）；*Towards a New Art History*（Printworld，2003 年）；*Art & Visual Cultures in India 1857—2007*（Marg，2009 年）等著作之中。其主要策展项目包括：*Santhal Family*（MuHKA，安特卫普，2006—2007 年）和 *Ramkinkar Baij Centenary Exhibition*（Visva-Bharati，2006—2007 年）。此外，他还是 Khoj Kolkata（2006 年）的发起人和主席。

让－路易·德奥特（Jean-Louis Déotte），巴黎第八大学的哲学教授。1986 年至 1992 年，他在巴黎国际哲学学院主持了一项有关博物馆和遗址遗产的研究计划。他参加了许多关于博物馆及其在社会中的作用的会议和研讨会。他出版了 10 多本关于艺术、视觉文化、美学和政治的著作。包括：*Le musée, l'origine de l'esthétique*（1993 年）；*Oubliez! L'Europe, les ruines, le musée*（1995 年）；*Qu'est-ce qu'un appareil? Benjamin, Lyotard, Rancière*（2007 年）；*Walter Benjamin et la forme plastique*（2012 年）。其英文著作包括近期发表于 *Ici et Ailleurs* 的 *The Museum, a Universal Apparatus*。

珍妮·道桑（Jenny Doussan），哲学家，生活工作于伦敦。她目前是伦敦大学金史密斯学院视觉文化专业的客座讲师。其著作包括：*Time, Language, and Visuality* in Agamben's Philosophy（Palgrave，2013 年）；'Time and Presence in Agamben's Critique of Deconstruction'，载 Cosmos and History: The Journal of Natural and Social Philosophy（2013 年）；'The Scent of the Jonquil'，载 Rattle: A Journal at the Convergence of Art & Writing 3（伦敦，2012 年）。

赫尔穆特·德拉克斯勒（Helmut Draxler），艺术史学家、艺术评论家、策展人，斯图加特梅尔茨学院艺术理论教授。1992 年至 1995 年，担任慕尼黑艺术博物馆的馆长。2004 年至 2006 年，在马斯特里赫特的扬·凡·艾克学院参与策划了 Avant-garde Film Biopolitics 项目。其策展项目包括 Shandyism: Authorship as Genre at the Secession（维也纳，2007 年）。此外，他为各种国际杂志和艺术家图录撰写有关当代艺术和理论文章，著作包括：Film, Avantgarde, Biopolitik（Schlebrügge，2009 年）；Gefährliche Substanzen（Polypen，2007 年）；Coercing Constellations. Space, Reference, and Representation in Fareed Armaly（Polypen，2007 年）；Shandyism. Authorship as Genre（Secession，2007 年）。

查尔斯·埃舍（Charles Esche），策展人、作家，生活工作于苏格兰。自 2004 年开始担任埃因霍温凡艾伯博物馆（Van Abbe museum）的馆长；自 1998 年开始担任伦敦中央圣马丁学院的 Afterall Journal and Books 的联合总监。2000 年至 2004 年，他曾担任瑞典马尔默 Rooseum 当代艺术中心的总监。他独立／共同策划了多个大型国际展览，包括巴西圣保罗双年展（2014 年）、U3 三年展（卢布尔雅那，2011 年）、Riwaq 双年展（拉姆安拉，2007 年和 2009 年）、伊斯坦布尔双年展（2005 年）、光州双年展（2002 年）。他任教于伦敦艺术大学的展览研究课程和阿姆斯特丹 De Appel 的策展课程。

瓦莱里亚·格拉齐亚诺（Valeria Graziano），从事（对抗）当代艺术界和学术界的研究、教育和组织工作。她在伦敦大学玛丽王后学院任教。她的研究从理论上阐明了在自我组织、制度分析和军事研究历史中出现的激进化共生（radical conviviality）的作用。多年来，她一直热衷于进行工具化的教学实验（deviceful pedagogical experiments），并一直与微观政治研究小组（Micropolitics Research Group）、道德与政治中心（cfep.org.uk）及许多其他机构进行合作。

纳塔莎·伊里奇（Natasa Ilić），策展人、评论家。她是 What, How and for Whom/WHW 策展团体的成员。WHW 成立于 1999 年，总部设在萨格勒布和柏林，其成员包括 Ivet Ćurlin、Ana Dević、Sabina Sabolović 和设计师 Dejan Kršić。WHW 组织了一系列展览和出版项目，并在萨格勒布经营着非营利性市属画廊 Gallery Nova。近期策展项目 One Needs to Live Self-confidently...Watching，第 54 届威尼斯双年展克罗地亚馆（2011 年）；Second World，格拉茨 Steirischer Herbst 艺术节（2011 年）；How much fascism?，乌得勒支 BAK 当代文化中心（2012 年）；Dear Art，卢布尔雅那现代艺术博物馆（2012 年）。WHW 近期正在策划迭代版本的 Meeting Point。这是一个跨学科的活动，在欧洲和中东的多个城市举行（2013-2014 年）。

苏珊·凯利（Susan Kelly），作家、艺术家。她的研究聚焦于艺术与微观政治，修辞与组织实践之间的关系。她的作品涉及表演、装置、影像、写作与出版。她在独立创作的同时，也与伦敦的各种艺术激进团体进行合作。在过去的 10 年中，她的作品在全球范围内展出，包括贝尔法斯特、纽约、多伦多、赫尔辛基、布拉格、都柏林、圣彼得堡、克拉斯诺亚尔斯克、塔林、因斯布鲁克和萨格勒布。她曾为众多艺术期刊撰稿，包括 republic art、Parallax、Journal of Visual Cultures 等。2012 年，她成为德国 Künstlerhaus Büchsenhausen 艺术与理论研究员。目前任教于伦敦大学金史密斯学院。

阿德南·马达尼（Adnan Madani），艺术家、作家，生活工作于伦敦和卡拉奇。他出生于卡拉奇，2001 年毕业于印度河谷艺术与建筑学院。他的作品曾在卡拉奇、迪拜、孟买和拉合尔的众多画廊中展出。他撰写了大量有关巴基斯坦艺术的文章，聚焦于艺术家与国家之间的关系。他担任巴基斯坦《当代艺术》杂志的撰稿人。其研究兴趣包括当代南亚视觉文化、现代性和当代性理论。

让-保罗·马丁（Jean-Paul Martinon），独立艺术信托基金 Rear Window 的联合创始人和策展人。该基金会在伦敦举办了一系列展览和学术会议。他目前是伦敦大学金史密斯学院视觉文化项目的负责人。他曾为维多利亚时代的工作坊撰写专著

Swelling Grounds（Rear Window，1995 年）；出版著作包括讨论德里达、马拉布和南希作品中未来构想的 *On Futurity*（Palgrave，2007 年），有关男性气质的时空维度的 *The End of Man*（Punctum，2013 年），以及探讨在卢旺达种族灭绝之后的和平概念的 *After 'Rwanda'*（Rodopi，2013 年）。

多琳·门德（Doreen Mende），策展人、理论家，生活工作于柏林和伦敦。她在伦敦大学金史密斯学院攻读博士学位期间致力于展览地缘政治的研究。她的研究从摄影开始，并将其作为作为社会主义国际时期团结和解放的实践，其目的是重新考虑当今展览的潜力。作为策展人，她近期策展项目包括 *doubleboundeconomies.net*。她目前正在为伦敦的 Raven Row 筹划 KP Brehmer 的展览。她是 HfG / ZKM 卡尔斯鲁厄 Displayer 杂志的共同创始人。自 2010 年开始，她在荷兰艺术学院开设理论课程。

苏珊娜·米列夫斯卡（Suzana Milevska），理论家、策展人。2013 年，她被任命为维也纳艺术学院中欧和东南欧艺术史特聘教授。她拥有伦敦大学视觉文化博士学位，曾任教于阿尔瓦·阿尔托大学、维也纳艺术学院、牛津大学、芝加哥艺术学院、哥伦比亚大学、威尼斯建筑大学、柏林艺术学院等。其著作包括 *Gender Difference in the Balkans*（2010 年）。2012 年，她因政治策展（political curating）获得了伊戈尔·扎贝尔（Igor Zabel）文化理论奖及 ALICE 奖。

文载允（Je Yun Moon），策展人、作家，生活工作于首尔和伦敦。她目前正在伦敦大学金史密斯学院攻读博士学位。她以编排的概念作为一种特殊的技术，对现代主体进行塑造与破环。她曾在康奈尔大学攻读艺术史，并于英国皇家艺术学院攻读策展研究。她曾任职于 Sonje 艺术中心、Anyang 公共艺术项目、威尼斯建筑双年展和白南准艺术中心等机构。其工作范围涉及艺术、建筑和表演项目的各个方面，包括展览、公教活动、研讨会和出版物。

伊内斯·莫雷拉（Ines Moreira），建筑师、研究者、策展人，生活工作于葡萄牙。2013 年，她完成了伦敦大学金史密斯学院"策展/知识"的博士学位。这是一个关于策划建筑、空间和展览展示的认识性和过程性研究。她的策展项目以特定的空间（后工业厂房、被烧毁的历史建筑、次要建筑或废弃的博物馆）为语境，探索艺术、建筑、科技与人文学科交叉领域的知识导向型研究/生产。

更过详情参见：www.petitcabanon.org。

斯特凡·诺沃特尼（Stefan Nowotny），哲学家，生活工作于维也纳。他目前是伦敦大学金史密斯学院视觉文化系的讲师，教授"策展/知识"博士课程。他也是维也纳"欧洲进步文化政策研究机构"（European Institute for Progressive Cultural Policies）的成员。他出版了大量有关哲学和政治主题的文章，并参与编辑了多部文选，将法语和英语的许多文本译成德文，与 Gerald Raunig 和 Boris Buden 分别合著了 *Instituierende Praxen: Bruchlinien der Institutionskritik*（2008年）和 *Übersetzung: Das Versprechen eines Begriffs*（2008年）。他也是系列丛书 *Es kommt darauf an: Texte zur Theorie der politischen Praxis* 的共同编辑。

莎拉·皮尔斯（Sarah Pierce），艺术家，生活工作于都柏林。自2003年以来，她使用"大都会复合体"（The Metropolitan Complex）一词来描述一种涉及不同工作方法的实践，包括表演、自出版、工作坊和装置。除了近期的展览和表演，在2011年至2013年，她作为巴德学院策展研究中心的驻留艺术家，担任策展课程的客座讲师。2010年，她作为哥本哈根大学的 DIVA 研究员，担任策展硕士课程的客座讲师。2013年至2015年，她加入 School of Missing Studies，担任桑德伯格学院 Art and Learning 硕士课程的导师。

瑞克斯媒体小组（Raqs Media Collective）喜欢扮演多个角色，经常以艺术家的身份出现，偶尔以策展人的身份出现，有时还以"哲学密探"（philosophical agent provocateurs）的身份出现。他们创作当代艺术、电影、展览、著作，与建筑师、计算机程序员、作家和导演合作。他们的作品曾在众多国际展览中呈现，包括卡塞尔文献展和威尼斯双年展等。瑞克斯媒体小组由 Jeebesh Bagchi、Monica Narula 和 Shuddhabrata Sengupta 于1992年创立。他们密切参与"发展中社会研究中心"（Centre for the Study of Developing Societies）的 Sarai 计划，这是他们于2000年共同发起的一项倡议。

更多详情参见：www.raqsmediacollective.net。

伊尔·罗格夫（Irit Rogoff），作家、策展人和组织者，致力于当代艺术、批判理论与新兴政治表现三者之间的交集。她是伦敦大学金史密斯学院视觉文化系教授，"策展/知识"博士课程、"全球艺术"硕士课程和新地理文化研究中心的负责人。伊尔·罗格夫在扩展的艺术领域撰写了大量有关地理、全球化和当代参与实践的文章。2012年，她发表了 Unbounded – Limits' Possibilitiese 系列文章（flux/Sternberg），并于2013年出版了 Looking Away – Participating Singularities, Ontological Communities 一书。

约书亚·西蒙（Joshua Simon），策展人、作家、电影制片人。他是以色列巴特亚姆博物馆的馆长兼首席策展人。他是纽约新学院的 Vera List 艺术与政治中心的研究员，也是多本出版于特拉维夫杂志的联合编辑，包括 Maayan Magazine for Poetry and Literature、电影研究杂志 Maarvon（在希伯来语中指西方）、The New & Bad Art Magazine 等。2007年，他策划了第一届以色列双年展 The Herzliya Biennial，呈现了70多位艺术家的作品。其著作包括 Solution 196-213 United States of Palestine-Israel（Sternberg，2011年）和 Neomaterialism（Sternberg，2013年）。

鲁佩什·西塔兰（Roopesh Sitharan），艺术家、策展人、学者，文化范式的探索者。他从圣克鲁斯大学获得数字艺术和新媒体硕士学位。他的研究聚焦于马来西亚研究、新媒体文化和策展实践。他经常探索艺术与技术在生产和阐释之中的意义与价值之间的界限。他曾参加众多国内外艺术项目和展览，包括国际电子艺术协会（ISEA）、Siggraph、光州双年展（2008年）等。

更多详情参见：www.roopesh.com。

诺拉·斯特恩菲尔德（Nora Sternfeld），教育者、策展人。她是赫尔辛基阿尔托大学"策展与媒介艺术"课程教授，维也纳应用艺术大学"展览理论与实践"（教育/策展/管理）硕士课程联合主任。她是维也纳艺术教育和关键知识生产机构 Trafo. K 的成员之一（与 Renate Höllwart 和 Elke Smodics-Kuscher 合作）。她还是 Schnittpunkt 展览理论与实践网络的共同创始人和成员，并在维也纳艺术家协会 IG Bildende Kunst 的 Bildpunkt 杂志中担任编辑委员会委员。她聚焦于当代艺术、展览理论、教育、历史政治和反种族主义等主题。

安妮塔·希拉克（Aneta Szyłak），策展人、作家、活动家，Wyspa Institute of Art（Gdansk Shipyard）的创始总监、Alternativa 的艺术总监。她的展览以对文化、政治、社会、建筑和机构特殊性的强烈回应为特征。自 1997 年以来，她一直从事国际展览和公共活动的工作。她曾在许多艺术机构和大学授课，包括哥本哈根大学、新学院大学、荷兰艺术学院、皇后学院和纽约大学，曾担任德国 Akademie der Bildende Kunste（Mainz）客座教授。她拥有哥本哈根大学和伦敦大学金史密斯学院的博士学位。

莱尔·维加拉（Leire Vergara），独立策展人，生活工作于西班牙毕尔巴鄂。她是独立艺术和知识机构 Bulegoa z/b 创始人之一（另外三位创始人是 Beatriz Cavia、Isabel deNaverán 和 Miren Jaio）。2002 年至 2005 年，她担任了西班牙多诺斯蒂亚－圣塞瓦斯蒂安的独立艺术生产机构 D.A.E（Donostiako Arte Ekinbideak）的联合总监（与 Peio Aguirre 合作）。2006 年至 2009 年，她担任毕尔巴鄂 Sala Rekalde 的首席策展人。她以作家的身份参与了众多艺术和文化书刊的编辑。

参考文献

1. 博物馆历史与理论（Museum history and theory）

Adorno, Theodor, 'The Valéry Proust Museum', in *Prisms, trans. Samuel and Sherry* Weber, 175—177, Cambridge: Cambridge University Press, 1981.

Anderson, Gail, ed. *Reinventing the Museum: Historical and Contemporary Perspectives on the Paradigm Shift*, Lantham: Alta Mira Press, 2004.

Baudrillard, Jean. 'The System of Collecting', in Simulations, trans. Sheila Faria Glaser. New York: Semiotext, 1983.

Benjamin, Walter. 'Edward Fuchs: Collector and Historian', *in Selected Writings Volume 3*, edited by Howard Eiland and Michael W. Jennings, trans. Harry Zohn, 260—302. Harvard: Harvard University Press, 2006.

—, 'Unpacking my Library', in *One Way Street*, trans. J. A. Underwood, 161—171. London: Penguin Books, 2009.

Bennett, Tony. *The Birth of the Museum*. London: Routledge, 1995.

Blanchot, Maurice. 'Time, Art and the Museum', in *Friendship*, 12—41, trans. Elizabeth Rottenberg. Stanford: Stanford University Press, 1997.

Butler, Cornelia, Seth Siegelaub and Agnes Denes, from *Conceptualism to Feminism: Lucy Lippard's Numbers Shows 1969—1974*. London: Afterall Books in association with the Academy of Fine Arts Vienna, the Center for Curatorial Studies, Bard College and Van Abbemuseum, 2012.

Cooke, Lynn and Peter Wollen (eds), *Visual Display: Culture beyond Appearances*. Seattle: DIA Foundation and Bay Press, 1995.

Crimp, Douglas, On the Museums Ruins. Cambridge: MIT Press, 1993.

Damisch, Hubert, 'Moves: Playing Chess and Cards with the Museum', in *Moves*, 73—95. Rotterdam: Museum Boijmans Van Beuningen, 1997.

Déotte, Jean-Louis, 'Rome, the Archetypal Museum and the Louvre, the Negation of Division', in *Art in Museum*, 215—222, edited by Susan Pearce. London: Athlone Press, 1995.

Duncan, Carol, *Civilising Rituals*. London: Routledge, 1995.

Duro, Paul, ed. *The Rhetoric of the Frame: Essays on the Boundaries of the Artwork*. Cambridge: Cambridge University Press, 1996.

Foster, Hal, *Recodings*. Seattle: Bay Press, 1992.

Garsskamp, Walter, *Die Unästhetische demokratie — Kunst in der Marktgesellschaft*. Munich: Ch. Beck, 1992.

—, *Die Unbelwältigte Moderne — Kunst und Öffentlichkeit*. Munich: Ch. Beck, 1989.

—, *Unerwünschte Monumente — Moderne Kunst in Stadtraum*. Munich: Silke Schreiber, 1989.

—, *Museum Gründer und Museumsstürmer-zur sozialgeschichte des Kunstmuseums*. Munich: Ch. Beck, 1981.

Genoways, Hugh, ed. *Museum Philosophy for the Twentieth-first Century*. Lanham: Alta Mira Press, 2006.

Hauer, Gerlinde, Roswitha Muttenthaler (eds), *Das inszenierte Geschlecht Feministische Strategien im Museum*. Vienna: Bohlau Verlag, 1997.

Hein, Hilde, *The Museum in Transition, A Philosophical Perspective*. Washington: Smithsonian Institution Press, 2000.

Horne, Donald, *The Great Museum*. London: Pluto, 1979.

Hudson, Kenneth, *Museums of Influence*. Cambridge: Cambridge University Press, 1987.

Jacobs, M. J, *Conversations at the Castle — Changing Audiences and Contemporary*

Art. Cambridge: MIT Press and Atlanta Arts Festival, 1998.

Karp, Ivan and Stephen Levine, *Exhibiting Cultures*. Washington: Smithsonian Institution Press, 1991.

Lorente, J. Pedro, *Cathedrals of Urban Modernity*. London: Ashgate, 1998.

Maleuvre, Didier, *Museum Memories: History, Technology, Art*. Stanford: Stanford University Press, 1999.

Malraux, André, 'Museum without Walls', in *The Voices of Silence*, 13—130, trans. Stuart Gilbert. Princeton: Princeton University Press, 1978.

Noever, Peter, ed. The Discursive Museum. Ostfildern–Ruit: Hatje Cantz, 2001.

O'Doherty, Brian, in *the White Cube*. Berkeley: California University Press, 1999.

Pointon, Marcia, *Art Apart: Art Institutions and Ideology across England and North America*. Manchester: Manchester University Press, 1994.

Preziosi, Donald, ed. *Grasping the World: The Idea of the Museum*. London: Ashgate, 2004.

Rogoff, Irit and Daniel Sherman (eds), *Museum Culture*. Minneapolis: Minnesota University Press, 1994.

Staniszewski, M. A, *The Power of Display — A History of Exhibition Installations at The Museum of Modern Art*. Cambridge: MIT Press, 1998.

Tipton, Gemma, *Art in Space*. Dublin: Circa Art Magazine, 2005.

Valéry, Paul, 'The Problem with Museums', in *Degas, Manet, Morisot*, 34—41, trans. David Paul. London: Routledge and Kegan Paul, 1972.

Van Mensch, Peter, *Professionalising the Muses, The Museum Profession in Motion*. Amsterdam: AHA Books, 1989.

Van Zoest d'Arts, Rob. ed. *Generators of Culture: The Museum as a Stage*. Amsterdam: AHA Books — Art History Architecture, 1989.

Vergo, Peter, *The New Museology*. London: Reaktion Books, 1989.

2. 策展与策展性（Curating and the curatorial）

Alloway, Lawrence, *The Venice Biennale 1895—1968: From Salon to Goldfish Bowl*. Greenwich: New York Graphic Society, 1968.

Althuser, Bruce, *The Avant-Garde in Exhibition*. Berkeley: California University Press, 1994.

—, 'The Canon of Curating', *M J Manifesta* Journal 11 (15 June 2011).

B. Read Series 2, 4, 5 and 7: The Producers. Gateshead: BALTIC, 2001.

Bal, Mieke, *Double Exposure: The Subject of Cultural Analysis*. London: Routledge, 1996.

—, *Looking In: The Art of Viewing*. Amsterdam: G&B Arts, 2001.

Beer, Evelyn and Riet de Leeuw (eds), *L'Exposition Imaginaire: The Art of Exhibiting in the Eighties*. Gravenhage: Rijksdienst Beeldende Kunst, 1989.

Benzer, Christa and Christine Bohler (eds), *Continuing Dialogues*. Vienna: JRP/Ringier, 2008.

Bourriaud, Nicolas, *Relational Aesthetics*. Paris: Les presses du réel, 2002.

Carin, Juoni, *Words of Wisdom, A Curator's Vade Mecum on Contemporary Art*. New York: Independent Curators International, 2001.

Cook, Sarah and Beryl Graham, *Rethinking Curating: Art After New Media*. Cambridge: MIT Press, 2010.

Dubin, Steven, *Displays of Power — Art and Amnesia in America*. New York: New York University Press, 1999.

Enzewor, Okwui, 'Mega–Exhibitions and the Antinomies of a Transnational Global Form', *Manifesta Journal 2* (Winter—Spring 2004): 6—31.

Esche, Charles, *Modest Proposals*. Istanbul: Baglam Press, 2005.

Fibisher, Bernard, ed. *L'art exposé: quelques reflexions sur l'exposition dans les années 90*. Küsnacht: Cantz, 1995.

Filipovic, Elena and Marieke van Hal (eds), *The Biennial Reader*. Bergen: Bergen Kunsthall and Ostfildern: Hatje Cantz, 2010.

Fowle, Kate, *Who Cares? Contemporary Curating*. New York: Apex Art, 2007.

Greenberg, Reesa and Bruce Ferguson (eds), *Thinking about Exhibitions*. London: Routledge, 1997.

Groïs, Boris, *Art Power*. Cambridge: MIT Press, 2008.

Hannula, Mika, *Stopping the Process: Contemporary Views on Art and Exhibitions*. Helsinki: NIFCA Publications, 1998.

Lind, Maria, ed. *Curating with Light Luggage*. Munich: Kunstverein, 2004.

—, 'The Curatorial', *Artforum* 68, No. 2 (October 2009): 65—103.

Lind, Maria and Jens Hoffman, 'To Show or Not to Show', *Mouse Magazine* 31 (November 2011).

Lumley, Richard, *The Museum-Time-Machine: Putting Cultures on Display*. New York: New York University Press, 1988.

Marincola, Paula, ed. *What Makes a Great Exhibition?* Philadelphia: Philadelphia Exhibitions Initiative, Philadelphia Center for Arts and Heritage, 2006.

Meyer, James, ed. 'Global Tendencies: Globalism and the Large-Scale Exhibition.' *Artforum* XLI, No. 3 (November 2003).

Milevska, Suzana and Biljana Tanurovska-Kjulavkovski (eds), *Curatorial Translation*. Skopje: Euro-Balkan Press, 1998.

Miller, Alicia, ed. *Feedback 0—1: Ideas that Inform, Construct and Concern the Production of Exhibitions and Events*. London: Whitechapel, 2004.

Missiano, Viktor, ed. 'Collective Curating: Special Issue', in *Manifesta Journal* 8 (2009—2010).

Obrist, Hans-Ulrich, ed. *A Brief History of Curating*. Zurich: JRP/Ringier and Paris: Les Presses du réel, 2008.

Okeke-Agulu, Chika, 'The Twenty-First Century and the Mega Show: Roundtable Special Issue', *Nka Journal of Contemporary African Art* 22—23 (Spring/Summer 2008): 153—188.

O'Neill, Paul, ed. *The Culture of Curating and the Curating of Culture(s)*. Cambridge: MIT Press, 2012.

—, *Curating Subjects*. London: Open Editions, 2007.

Paldi, Livia, 'Notes on the Paracuratorial', The Exhibitionist 4 (June 2011): 71—72.

Rand, Steven and Heather Kouris (eds), *Cautionary Tales: Critical Curating*. New York: Apexart, 2007.

Rattemeyer, Christian, ed. *Exhibiting the New Art: 'Op Losse Schroeven' and 'When Attitudes Become Form' 1969*. Afterall Books in association with the Academy of Fine Arts Vienna and Van Abbemuseum, Eindhoven, 2010.

Richter, Dorothee and Barnaby Drabble (eds), *Curating Critique*. Frankfurt am Main: Revolver, 2007.

Rilke, Rainer Maria, *Letters on Cézanne*, edited by Clara Rilke, trans. Joel Agee. New York: Fromm International, 1985.

Schade, Sigrid, ed. *Curating Degree Zero: An International Curating Symposium*. Nurnberg: Verlag Moderne Kunst, 1999.

Sherman, Daniel, *Worthy Monuments, Art Museums and the Politics of Culture in 19th Century France*. Harvard: Harvard University Press, 1989.

Smith, Terry, *Thinking Contemporary Curating*. New York: ICI, 2012.

Tagg, John, 'A Socialist Perspective on Photographic Practice', in *Three Perspectives on Photography: Recent British Photography*. London: Hayward Gallery & Arts Council of Great Britain, 1979.

Tanner, Christoph and Ute Tischler (eds), *Men in Black: Handbook of Curatorial Practice*. Frankfurt a. M: Revolver — Archiv für aktuelle Kunst, 2004.

Thea, Carolee, *Foci: Interviews with 10 Curators*. New York: Art Publishers, 2001.

Thomas, Catherine, ed. *The Edge of Everything: Reflections on Curatorial Practice*. Banff: Walter Philips Gallery Editions, 2002.

Townsend, Melanie, ed. *Diverging Curatorial Practices: Beyond the Box*. Banff: Walter Philips Gallery Editions, 2003.

Vanderlinden, Barbara and Elena Filipovic (eds), *The Manifesta Decade: Debates on Contemporary Art Exhibitions and Biennials in Post-Wall Europe*. Cambridge: MIT Press, 2005.

Wade, Gavin, ed. *Curating in the 21st. Century*. Walsall: The New Art Gallery and University of Wolverhampton, 2000.

Weiss, Rachel, Luis Camnitzer (eds.), *Making Art Global* (Part 1): The Third Havana

Biennial 1989. Afterall Books in association with the Academy of Fine Arts Vienna and Van Abbemuseum, Eindhoven, 2011.

White, Peter, ed. *Curatorial Strategies for the Future*. Banff: Walter Philips Gallery Editions, 1996.

Zabel, Igor. 'The Return of the White Cube', *Manifesta Journal* 1 (Spring—Summer 2003): 12—21.

3. 社会学、人类学（Sociology, anthropology）

Barringer, Tim and Tom Flynn, *Colonialism and the Object*. London: Routledge, 1998.

Bourdieu, Pierre and Alain Darbel, *Distinction: A Social Critique of the Judgement of Taste*, trans. Richard Nice. Harvard: Harvard University Press, 1984.

—, *The Love of Art: European Art Museums and their Public*, trans. Caroline Beattie and Nick Merriman. London: Polity Press, 1991.

—, *Outline of a Theory of Practice*, trans. Richard Nice. Harvard: Harvard University Press, 1986.

—, *The Love of Art —, European Art Museums and their Public*. Stanford: Stanford University Press, 1990.

Clifford, James, *The Predicament of Culture*. Harvard: Harvard University Press, 1991.

—, *The Predicament of Culture: 20th Century Ethnography*. Harvard: Harvard University Press, 1988.

—, *Routes: Travel, and Translation in the Late Twentieth Century*. Harvard: Harvard University Press, 1997.

DiMaggio, Paul, *Audience Studies in the Performing Arts and Museums —, A Critical Review*. Washington: Research Division Report No. 9 (1978).

McCannell, Dean, *The Tourist: A New Theory of the Leisure Class*. Berlin: Schocken Books, 1976.

Price, Sally, *Primtive Art in Civilized Places*. Chicago: University of Chicago Press,

1989.

Thomas, Nicholas, *Entangled Objects*. Harvard: Harvard University Press, 1989.

Virno, Paolo, *The Grammar of the Multitude: For an Analysis of Contemporary Forms of Life*, trans. Isabella Bertoletti, James Cascaito and Andrea Casson. Los Angeles: Semiotext(e), 2004.

Zollberg, Vera, *Constructing a Sociology of the Arts*. Cambridge: Cambridge University Press, 1990.

4. 艺术家和展览（Artists and exhibitions）

Alberro, Alexander and Blake Stimson (eds), *Institutional Critique: An Anthology of Artists' Writings*. Cambridge: MIT Press, 2011.

Bloom, Barbara, *The Reign of Narcissim*. London: Serpentine Gallery, 1991.

Bourdieu, Pierre and Hans Haacke, *Free Exchange*. London: Polity Press, 1995.

Bronson, A. A. and Peggy Gale (eds), *Museums by Artists*. Toronto: Art Metropole, 1999.

Broodthaers, Marcel, *Exhibition Catalogue*. New York: Walker Art Centre, 1990.

Buren, Daniel, *Function of the Museum*. Artforum 12, No. 1 (September 1973).

Crone, Bridget, *The Sensible Stage: Staging and the Moving Image*. Bristol: Picture This, 2012.

Frenkel, Vera, *The Cornelia Lumsden Archive*. Montreal: Montreal World Fair, 1982.

Gaba, Meshac, *Museum of Contemporary African Art*. Amsterdam: Artimo, 2001.

Haacke, Hans, *Unfinished Business*. New York: The New Museum, 1988.

Kravagna, Christian, ed. *The Museum as Arena: Institutional-Critical Statements by Artists*. Cologne: Verlag der Buchhandlung Walther König, 2001.

McShine, Kynaston, *The Museum as Muse*, Artists Reflect. New York: MOMA, 1999.

Muensterberg, Werner, *Collecting, An Unruly Passion*. Princeton: Princeton University Press, 1994.

Wislon, Fred, *Mining the Museum*. New York: Baltimore Historical Society and the

New Press, 1991.

5. 理论与哲学（Theory and philosophy）

Adorno, Theodor, *The Culture Industry*. London: Routledge, 1993.

—, *Negative Dialectics*, trans. E. B. Ashton. London: Routledge, 1990.

Agamben, Giorgio, *The Coming Community*. Minneapolis: Minnesota University Press, 1993.

—, *What is an Apparatus? and Other Essays*. Stanford: Stanford University Press, 2009.

Austin, J. L, *How to Do Things with Words*. Cambridge: Harvard University Press, 1975.

Azoulay, Ariella, *The Civil Contract of Photography: 1*. New York: Zone Books, 2008.

Bal, Mieke and Norman Bryson, 'Semiotics and Art History', *The Art Bulletin* LVVIII, No. 2 (June 1991): 174—208.

Barthes, Roland, *Image Music Text*. London: Fontana Press, 1977.

Bataille, Georges, *The Accursed Share*, Vol. 1, trans. Robert Hurley. Cambridge: MIT Press, 1991.

—, 'Museum', in *Encyclopaedia Acephalica*, 64—65, trans. Ian White. New York: Atlas, 1995.

—, *The Unfinished System of Nonknowledge*, trans. Michelle and Stuart Kendall. Minneapolis: University of Minnesota Press, 2001.

Baudrillard, Jean, 'The Beaubourg Effect — Implosion and Detterence', in *October* 20 (1982): 3—23.

Borges, Jorge Luis, *Labyrinths*, trans. Eliot Weinberger. New York: New Directions, 1962.

Bryson, Norman, *Word and Image, French Painting of the Ancient Regime*. Cambridge: Cambridge University Press, 1981.

Butler, Judith, *Bodies That Matter: On the Discursive Limits of Sex*. London:

Routledge, 2011.

—, *Excitable Speech: Politics of the Performative*. Stanford: Stanford University Press, 1997.

—, *The Psychic Life of Power: Theories in Subjection*. London: Routledge, 1996.

De Certeau, Michel, *The Practice of Everyday Life*, trans. Steven F. Rendall. Berkeley: University of California Press, 2011.

Deleuze, Gilles and Felix Guattari, *The Logic of Sense*, trans. Constantin V. Boundas. London: Continuum, 2005.

—, *A Thousand Plateaus: Capitalism and Schizophrenia*. London: Athlone, 1988.

Derrida, Jacques, *Archive Fever; A Freudian Impression*, trans. Eric Prenowitz. Chicago: University of Chicago Press, 1996.

—, *Eyes of the University, Right to Philosophy 2*, trans. Jan Plug. Stanford: Stanford University Press, 2004.

—, *Of Grammatology*, trans. Gayatri Spivak. Baltimore: Johns Hopkins University Press, 1974.

—, *Of Hospitality*, tran. Rachel Bowlby. Stanford: Stanford University Press, 2000.

—, *The Truth in Painting*, trans. Geffroy Bennington and Ian McLeod. Chicago: University of Chicago Press, 1987.

Donato, Eugenio, 'The Museum's Furnace: Notes Toward a Contextual Reading of Bouvard et Pecuchet', in *Textual Strategies: Perspectives in Post-Structuralist Criticism*, edited by Josue V. Harari, 213—238. Ithaca: Cornell University Press, 1979.

Foucault, Michel, *The Archaeology of Knowledge*, trans. A. M. Sheridan Smith. London: Routledge, 2000.

—, *The Order of Things*, trans. Charles Ruas. London: Tavistock Publications, 1972.

—, 'This Is Not a Pipe', trans. James Harkness, in *Continental Aesthetics*, edited by Richard Kearney and David Rasmussen, 374—387. London: Blackwell, 2001.

Grosz, Elizabeth, ed. *Becomings: Explorations in Time, Memory, and Futures*. Ithaca: Cornell University Press, 1999.

Habermas, Jurgen, *Knowledge and Human Interests*, trans. Jeremy Shapiro. London: Heinemann Educational, 1978.

Heidegger, Martin, *Discourse on Thinking*, trans. John M. Anderson and E. Hans Freund. New York: Harper & Row, 1966.

—, 'The Thing', in *Poetry, Language, Thought*, trans. Albert Hofstadter. New York: Perennial Classics, 2001.

Karacauer, Siegfried. *The Mass Ornament*. Harvard: Harvard University Press, 1995.

Lefebvre, Henry, *The Production of Space*, trans. Donald Nicholson-Smith. Oxford: Blackwell, 1991.

Lyotard, Jean-François, *Discourse Figure*, trans. Anthony Hudek. Minneapolis: University Of Minnesota Press, 2011.

Nancy, Jean Luc, *The Inoperative Community*. Minneapolis: University of Minnesota Press, 1998.

Rancière, Jacques, *The Politics of Aesthetics*, trans. Gabriel Rockhill. London: Continuum, 2006.

Schaeffer, Jean-Marie, 'Experiencing Art Works', in *Think Art*, 47—54. Rotterdam: Witte de With Centre for Contemporary Art, 1999.

Soja, Edward, *Thirdspaces: Journeys to Los Angeles and Other Real and Imagined Places*. London: Blackwell, 1996.

Williams, William Carlos, *The Embodiment of Knowledge*. New York: New Directions Books, 1974.

6. 参与与教育（Participation and education）

Arendt, Hannah, *The Human Condition*. Chicago: University of Chicago Press, 1958.

Cox, Geoff and Joasia Krysa (eds), *Engineering Culture: On the Author as the Cultural Producer*. DATA Browser 02. New York: Autonomedia, 2005.

Ehrenreich, Barbara, *Dancing in the Streets: A History of Collective Joy*. London: Granta Books, 2008.

Frieling, Rudolf, *The Art of Participation: 1950 to Now*. London: Thames & Hudson, 2008.

Kester, Grant, *Conversation Pieces: Community and Communication in Modern Art*.

Berkeley: University of California Press, 2004.

Laclau, Ernersto and Chantal Mouffe, *Hegemony & Socialist Strategy: Towards a Radical Democratic Politics*. London: Verso, 1985.

Latour, Bruno and Peter Weibel, *Making Things Public: Atmospheres of Democracy*. Cambridge: MIT Press, 2005.

O'Neill, Paul and Mick Wilson (eds), *Curating and the Educational Turn*. London: Open Editions and Amsterdam: de Appel Occasional Table, 2010.

Rogoff, Irit and Angelika Nollert (eds), *A.C.A.D.E.M.Y.* Frankfurt a M.: Revolver, 2006.

Spivak, Gayatri, *Outside in The Teaching Machine*. London: Routledge, 1993.

后记　策展性

个人策展实践似乎并没有多少实质性内容。归根结底，这是一种寄生行为。在这种行为模式下，管理、协商和妥协的能力通常是最具价值的资产。一个聪明的策展人会不断地进行修改和调整，试图确保一些近似于策展愿景的东西在混乱的财务和其他（塑造了一个特定项目的基本规则的）利益关系中依然具有可见性。与大多数当代艺术家相比，策展人更加受控于可以决定哪些因素可能构成城市推广或文化发展的城市顾问们；或者说，我们越来越严重地受资本主义寡头影响。对他们来说，艺术仅是不断变化的博弈游戏中的一个元素。策展领域可能有其著名人物和被纳入正史的企图，但是它本质上仍是有些次要的……或者更恰当地说，它有建立哲学或美学连贯性的愿望，但是经常囿于赞助人和官僚机构的期望而妥协，以至于策展性本身的介入及作用难以被充分有效地发挥。

当然，这种情形在很大程度上也适用于艺术行为。现代派关于自主和自我表达的雄辩显然使艺术家们在被资助的同时不被指手画脚，这始终是一种思想层面的契约。在冷战期间，公平的公共资助是西方军械库的一部分，是促进自由市场民主的利益，反对将艺术更直接地工具化以达到东方政治目的的一种方式。尽管冷战时期的殖民地衰败了将近20年，但在1989年之后，再也没有意识形态上的理由来资助艺术作为西方自由的体现，逐渐地，其他动机——城市改善、旅游业、社会融合、教育——从政府中涌现来实现这一目标。显然，公共资金伴随着官方的期望。最近，尤其像荷兰这样的国家，这些观点正在被人们抛诸脑后，因为文化被视为只对私人利益和赞助有价值。这些经济依赖性的转变与自由职业者、作者型策展人的出现同时发生。他们可以在艺术实践与官僚或寡头之间进行谈判，后者需要看到展示产出和成果，才会拿出自己的金钱。策展人与出资人之间的谈判取代了向艺术品分配资金的疏密政策（the arms' length policy）。在这种政策中，艺术家只是若干利益集团中的一员，不一定是最有特权的人。为了避免与想当然的"艺术人格"（artistic persona）的善变性产生直接冲突，策展人作为中间人应对各方都有利。

我不认为我们应该哀叹这种情况，或者把它理解为在某种程度上没有达到现代派自主权的构想。相反，期望金钱、权力和组织在支持艺术行为时表达他们自己的意图，似乎是再合理不过的。然而，我提供的分析确实需要仔细考虑策展性作为一个嵌入系统内部的活动的折中本质，并且是对于其介入到每个独立情景后贡献的相应质量的分析。我们必须理解策展性对艺术创作、消费和理解过程中产生的深刻作用，以及它是如何影响任何指定项目渴望达到的与不同公众间的关系的。

如要切实地发挥作用，策展性作为一种活动和一类话语则必须建立明确的协议，通过它可以进行交流。公共展览显然算是一部分，但研讨会、代表大会、马拉松、决策会、大师班和其他或多或少的密集的公共场合已成为一种在不甚固定的环境下展示策展性的方式。这些形式中有许多是从其他学科中提炼出来的——如果我们可以将策展称为一门学科——而另外一两种是从实践中总结得出的。以图册或图文的形式发行的出版物十分普遍，发表的会议论文集和采用学术模型的其他形式也是如此。策展性在形式层面建立有限范围的技巧，以进行自我指导。展览陈列经历了时尚的循环。看着这么多博物馆陈列品共通的品位，它们的藏品按照内容和风格来排序，试图比较或协调各代人的艺术关注（尽管目前开始回归到有争议性的年代）。显然，每位艺术家都被安排在策展性的聚光灯下，被几乎所有的重要国际展览所收录，然后他们的名字逐渐被厌倦，直到被新生力量取而代之。

当然，由于策展人既从商业画廊中挑选艺术家，又通过策展性项目将他们介绍给博览会，因此与商业市场及其对于产品需求的不断增加之间存在着微妙的而又潜在的联系。在此过程中，策展人经常被人视为左派观点的散发者，慷慨激昂地支持着乌托邦的社会条件，但也只愿意在超级富豪的盛宴上组织高级装饰性的集会。屈服于这种诱惑当然是人之常情，也不仅限于策展性亚文化，但是我不禁感到，在策展性实践中，言行之间的明显差距在许多其他行业中是无法维系的。坦率地说，策展人通常会全力以赴地让准许由其制作的"项目"顺利进行，然后对仍能产生临界盈余的同时使出资人满意存有一线希望。

如果这听起来有点愤世嫉俗，也许确实如此。它（策展性）部分来自个人经验，部分来自于令人失望的阅读 Afterall Books（位于伦敦的研究和出版机构）展览历史系列（筹备中）中原版策展性文本和新闻稿的体验。该系列着眼于具有里程碑意义的展览，这些展览在过去 50 年中极大地改变了策展性的概念。尽管有明显的例外，但目录和其他定义展览的策展的泛滥文本不过是为了促进销售和活动推广而撰写的吹捧文章罢了。在那些时刻，策展性与原始的市场营销宣传是无法区分的。在策展实践所处的妥协环境中，自我反思或切实认知的方式很少。因此，可悲的是，这些文本在分析谈判、固执、顺从和清晰的思考之间的平衡时几乎毫无用处。因此，我们必须超越策展人自身，以便能够对策展性可能会增加艺术品展示的任何重要过剩的证据和质量做出判断。系统要从策展人的活动中获得的正是这种盈余，这个数字出现在所有其他事物的四周。至少对于我和我的工作而言，必须将策展人的主要测量和验证视为一项富有成效的关键活动。显然，产生这种盈余并非由单一代理人掌握，而是由事件本身在其发生期间及之后进行的意义生产的总和来体现。似乎只有经过一段时间后重新参观展览，并通过不同参与者（艺术家、评论家、观众、出资人及策展人）的观察，才能对策展思想和行动模式的雄心和有效性做出一定的解释。这意味着公共展览的时刻虽然必不可少，但仅是策展性的介入发挥作用的一个要素。确实有争议的是，开幕式和公映甚至不是最重要的时刻。从我们的展览历史系列背后的研究得出的惊人结论是，在共识下对于策展性发展具有正当意义的那些展览中，并没有涵盖观众的意见。对于最近的策展人身份构建的其他各种形式，这种观点同样成立。尽管存在各种差异，但公众时刻始终是必不可少的重点，但也必须将其视为迈向任何特定项目的充分利用价值和影响任何指定项目，以及策展性总体作用的一个过渡站。

对我来说，作为一个犯下了前文讨论过的所有关于共谋和利己的罪恶的策展人，这种回顾性分析的能力仍然可以挽回这一局面。非策展人对于策展性是什么的研究，以及从超越策展学科本身的对一致性、严谨性、风格和内容需求的阐述，都是绝对必要的。虽然伦敦大学金史密斯学院（Goldsmiths）的"策展/知识"（Curatorial/Knowledge）课程和其他一些课程大大促进了对策展实践的重视，但仍有许多工作要做，需要对策展的目标有更多的自我意识。如何利用策展的公共时刻和后公共时刻，为某些展览和其他项目构建意义，需要进一步的理论支持和实践研究。同样，当前的策展实践必须发展为一种对自身历史更加谙熟的、辩证的关系，以避免简单地被工具化为新自由主义体制下胜利者的精致玩物。我相信，摆在我们面前的任务是如何在更长时期内实现关键的盈余。为此，我们需要构建抵制让出资人全面融入的策略，并创建随着时间的推移通过竞争和辩论缓慢进入公共领域的事件和交流。随着作为集体知识生产系统的策展性登台，策展实践作为一种行为需要摘掉身上的聚光灯。

查尔斯·埃舍（Charles Esche）

博物馆管理学丛书

"博物馆管理学丛书"是中国画报出版社与中国国家博物馆、中央美术学院等专业机构联合打造的一系列学术类图书。该丛书由资深专家精心选目，其中包含优秀的外版引进图书、卓越的本版专业著作，为文博类机构和相关从业人员提供理论支持，定向性强、专业度高。